지구과학을 위한 ———

차 근 차 근

파이썬
코딩 실습

활용편
VOL 2

지구과학을 위한
차근차근
파이썬 코딩 실습

ⓒ 심성보, 시호연, 진대호, 송강현, 이선주, 이정은, 최다영, 류지훈, 박훈영, 2023

개정판 1쇄 발행 2023년 8월 12일

지은이   심성보, 시호연, 진대호, 송강현, 이선주, 이정은, 최다영, 류지훈, 박훈영
기획   김춘지
펴낸이   이기봉
편집   좋은땅 편집팀
펴낸곳   도서출판 좋은땅
주소   서울특별시 마포구 양화로12길 26 지월드빌딩 (서교동 395-7)
전화   02)374-8616~7
팩스   02)374-8614
이메일   gworldbook@naver.com
홈페이지   www.g-world.co.kr

ISBN   979-11-388-2177-3 (94000)
        979-11-388-2175-9 (세트)

지구과학을 위한 ———

차근차근

활용편
vol 2

Python coding

파이썬
코딩 실습

심성보, 시호연, 진대호, 송강현, 이선주, 이정은, 최다영, 류지훈, 박훈영 지음

김춘지 기획

좋은땅

지구과학을 전공하고 있거나 관련 자료의 분석이 필요한 사람, 혹은 프로그래밍을 처음 배우고자 하는 사람이라면 누구나 Fortran, Perl, C/C++, Java, Python 등 다양한 언어 중에서 어떤 것을 사용할 것인가를 두고 고민할 것입니다. 필자 역시 지난 수년 동안 지구과학 분야에서 연구를 했기 때문에 자료처리와 통계 분석을 목적으로 다양한 종류의 프로그래밍 언어를 사용했습니다.

그러다 우연한 기회에 직장 내 프로그래밍 교육을 담당하면서 파이썬을 선택하게 되었습니다. 그 이유는 문법이 쉽고 간결해 접근 장벽이 낮아서 학습용으로 적합했을 뿐만 아니라, 오픈 소스 개발 언어이기 때문에 무료로 제공하고 있어 실력 있는 개발자들이 만들어 놓은 훌륭한 패키지들이 많았기 때문입니다.

이러한 장점으로 파이썬의 인기가 높아짐에 따라 수많은 관련 책들이 출판되었으며 인터넷을 통해서도 다양한 영상들이 올라와 있어 파이썬을 손쉽게 접할 수 있습니다. 하지만 책들과 영상들을 통해 파이썬 프로그래밍을 익힌 후, 정작 분석에 필요한 자료들을 처리하고 표출하고자 하면 예상치 못한 에러를 마주하기 마련입니다. 그러면 결국 해결 방법을 찾기 위해 많은 시간을 보내거나 급한 경우 손에 익숙한 언어로 돌아가게 되곤 합니다.

이런 경험을 바탕으로 이 책의 저자들은 최신 버전의 파이썬을 사용해 기상/기후 등 지구과학 영역에서 활용할 수 있는 다양한 자료의 분석 노하우나, 그 과정에서 겪을 수 있는 문제 해결에 초점을 두어 누구나 쉽게 이해하고 사용할 수 있도록 하는 데 중점을 두었습니다. 파이썬(Python) 은 그리스 신화에서 중요한 일의 신탁을 담당하던 큰 뱀의 이름에서 유래한 것입니다. 그리스 사람들이 그러했듯 파이썬 사용자에게 이 책이 이러한 신탁소의 역할을 하게 되길 바랍니다.

그리고 지구과학뿐만 아니라 파이썬을 사용하는 모든 분야에 종사하는 분들께 이 책이 도움이 되었으면 합니다.

2023년 4월

필자 심성민

발간사

2019년도에 출간한 『대기과학을 위한 NCL』을 배포하면
서 만났던 대부분의 교수님들과 연구자분들께서 연구자
를 위한 파이썬 프로그래밍 책의 필요성에 대해 언급하셨
습니다. 그분들의 기원이 저에게 에너지가 되어 연구자들
에게 도움을 주기 위한 파이썬 프로젝트를 기획할 수 있었
습니다. 저는 저자분들과 함께 2019년 12월 16일 온라인
킥오프 미팅을 시작으로 2020년 4월 20일, 8차 회의를
진행하며 저자님들과 함께 『차근차근 파이썬 코딩 실습』의
기본편과 연구 활용 대기과학편 초판을 완성하였습니다.

그로부터 3년이 지나서 지금, 저는 새로운 파이썬 버전으로 코드를 수정하고 다양한 분
야의 내용을 담고 싶었습니다. 저의 의견에 동의하시는 저자님들을 추가로 성공적으로
섭외할 수 있었습니다. 2022년 12월 26일 킥오프 미팅을 시작으로 『차근차근 파이썬
코딩 실습』의 연구 활용편을 개정하였습니다. 이 책의 목적은 연구자들이 파이썬 프로그
래밍을 처음 배우는 단계에서 시행착오를 겪는 시간과 노력을 줄이고 그들이 보다 더 깊
은 연구를 할 수 있는 시간을 확보할 수 있도록 하는 것입니다. 이를 위해 젊은 과학자들
이 한 마음으로 위성자료, 태풍자료, 기상/기후자료, 해양, 레이더 등 다양한 분야의 연
구자료를 시각화한 자신들의 노하우를 파이썬을 처음 배우는 연구자들에게 설명하듯이
이 책에 담았습니다. 각 챕터의 첫 페이지에는 저자의 성함과 이메일이 적혀 있습니다.
이는 독자의 궁금한 사항이 있을 시 주저하지 말고 질문하여 저자와 소통하길 바라는 메
시지이니 독자분들께서는 이것을 적극적으로 활용하여 프로그래밍 실력을 일정 수준으
로 올리는 시간을 단축하길 바라겠습니다.

『대기과학을 위한 NCL』은 저자들의 100% 재능기부로 출판되었습니다. 이 책 또한 초
보 연구자들의 프로그래밍 배움의 문턱이 낮아지길 바라는 저자들의 마음으로 시작했지
만, 기획자로서 저는 저자들의 헌신에만 기대어 연구자들에게 도움을 주기 위한 프로젝
트가 과연 지속될지에 대한 고민을 많이 했습니다. 운이 좋게 저자분들의 재능기부로 본
프로젝트가 시작될 수 있었지만 그들의 가치가 단순히 기부로만 끝난다면 프로젝트가
지속되기 어렵다고 생각했습니다. 좋은 영향력을 줄 수 있는 선순환이 되기 위해서는 각
전공분야 저자들의 경험의 가치를 높이 평가하고 그들의 노고를 제대로 인정해 주는 문
화를 형성할 뿐만 아니라 향후 미래 연구자들이 함께 프로젝트에 동참하고 싶어하는 시
스템이 갖추어져야 한다고 생각합니다.

무엇보다 저의 기획 의도에 공감하여 집필에 참여해 주신 심성보, 시호연, 진대호, 송강
현, 이선주, 이정은, 최다영, 류지훈, 박훈영 저자님들께 진심으로 감사의 마음을 전합니
다. 저에게 본 프로젝트는 저자님들과 소중한 인연을 맺게 했을 뿐만 아니라 기획자로서
한 단계 성장할 수 있었던 소중한 기회였습니다. 제가 이 책을 기획하고 출판하는 과정
에서 아낌없는 조언과 무한한 지지를 해 주셨던 국종성 교수님, 권민호 박사님, 김기영
대표님, 김백민 교수님, 김윤재 센터장님, 김주완 교수님, 김주홍 박사님, 나선미 연구
사, 박선기 교수님, 박세영 연구관님, 손석우 교수님, 서명석 교수님, 이민정 변리사님,
이상현 교수님, 이수정 박사님, 이승우 연구관님, 이종화 연구원님, 이준이 교수님, 임영
권 박사님, 전혜영 학회장님, 주상원 원장님, 차동현 교수님, 최용상 교수님께 진심으로
감사드립니다.

끝으로, 제가 하고자 하는 일에 대해 늘 뒤에서 응원해 주는 사랑하는 남편과 가족, 그리

고 제 인생의 벗 모든 지인들에게 감사드리며, 이 책이 독자자분들의 파이썬 프로그래밍 공부에 많은 도움이 되길 진심으로 바랍니다.

2023년 4월

기획총괄 김춘지

감사의 말씀

심성보 저자(sbshim82@korea.kr)

파이썬은 참 매력적인 프로그래밍 언어입니다. 문체에는 작가의 개성이 녹아 있듯 코딩에도 각자의 스타일이 담겨 있는 거 같습니다. 처음 파이썬을 접하는 독자님도 차근차근 따라 하시며 자신만의 프로그램을 만들어 가시면 좋겠습니다. 이번 교재를 통해 능력 있는 저자님들과 작업하면서 더 많이 배울 수 있는 시간이 되었습니다. 자신의 경험과 노하우를 아낌없이 나눠 주신 저자님들께 감사드립니다. 그리고 훌륭한 프로젝트를 기획하시고 참여할 수 있는 기회를 주신 김춘지 대표님께도 진심으로 감사드립니다.

시호연 저자(drive.hoyeon@gmail.com)

우연한 기회에 참여하게 된 출판 프로젝트에서 제가 나눈 지식보다 더 많은 것을 얻어 가는 것 같습니다. 비록 제가 다른 실력자들에 비해 많이 부족하다고 생각하지만, 파이썬에 익숙하지 않은 연구자들에게 조금이라도 도움이 되길 바랍니다. 함께 고생한 김춘지 선생님과 다른 저자분들께 감사드립니다. 특히 프로젝트에 참여를 독려해 주신 제 지도교수이신 손병주 선생님께도 감사드립니다.

진대호 저자(Daeho.Jin@nasa.gov; https://github.com/DJ4seasons)

파이썬을 막 배웠던 몇 년 전을 떠올려 봤습니다. 당시에는 제가 뭘 모르는지를 그래서 뭘 찾아야 하는지를 몰랐기에 시행착오가 많았었습니다. 여전히 파이썬을 이용하면서 모르는 게 있고, 그래서 적절한 방법을 찾아보는 게 일상이지만, 그나마 제가 아는 것을 나눌 수 있는 기회가 주어져서 즐겁게 작업했습니다. 참여 기회를 주신 김춘지 대표님과 다른 저자분들에게 감사를 드리며, 저를 언제나 지탱해 주는 가족에게 역시 고맙다는 말을 전하고 싶습니다.

송강현 저자(skhyunf@gmail.com)

부족한 실력임에도 책 집필에 참여할 수 있는 기회를 주신 것에 대해 감사드립니다. 제 작은 노하우가 대기과학 분야 발전에 조금이라도 도움이 되었으면 좋겠습니다. 그리고 이 책이 대기과학을 넘어 모든 독자분들에게 좋은 시너지가 날 수 있길 바라며 인사말을 마치겠습니다. 인생 동반자인 용진이와 우리 집 작은 친구들에게 고맙다는 인사 남깁니다.

이선주 저자(sjlee33@kiost.ac.kr; seonjulee0611@gmail.com)

처음 파이썬을 접했던 제가 생각났습니다. 에러 해결에 며칠씩 걸리던 제가 부족한 실력이나마 누군가에게 도움을 주기 위해 파이썬 책을 집필하고 있다는 사실이 감개무량합니다. 여러 저자님들의 고민과 노력이 녹아 있는 이 책이 파이썬을 처음 접하는 독자님들의 시행착오를 줄이는 데 도움이 될 수 있으면 좋겠습니다. 저자로 추천해 주신 권민호 박사님과 책 집필을 격려해 주신 김춘지 대표님께 감사를 드립니다.

이정은 저자(wjddms4634@gmail.com)

먼저 파이썬을 처음 시작할 당시 많은 도움을 주었던 기상청 기상레이더 센터 박소연, 최재호, 고경연, 손명재 연구원님, 경북대 김권일 박사님, 한국천문연구원 정의정 선임연구원님께 감사드립니다. 또한 이 책에 함께할 수 있도록 도와주신 이승우 연구관님과 김춘지 대표님에게도 감사드립니다. 이 책의 제목처럼 파이썬을 이용하여 대기과학을 연구하려는 독자 여러분들이 이 책을 활용하여 파이썬을 공부하는 시간을 단축시켜 연구에 집중하며 대기과학을 발전시킬 좋은 성과를 거두시기 바랍니다.

최다영 저자(blingdy@gmail.com)

저자로 참여할 수 있게 책을 기획해 주신 김춘지 대표님, 추천해 주신 박세영 박사님 그리고 저를 항상 지지해 주고 사랑해 주는 저의 가족, 친구에게도 감사를 표합니다. 이 책을 저술하면서 다른 저자들의 노하우를 배울 수 있어서 뜻깊은 시간이었습니다. 이 책을 선택하신 독자 여러분, 여러분은 각 분야의 연구자들의 노하우가 담긴 이 책을 통해 여러분의 시간을 아끼고 파이썬을 다루는 능력이 배가 될 것입니다.

류지훈 저자(rjh4352@gmail.com)

훌륭한 저자님들 사이에서 의미 있는 저술 작업을 할 수 있어서 영광입니다. 교재 저술 참여를 독려해 주신 손병주 지도교수님께 감사드립니다. 또한 파이썬 교재가 완성되기까지 기획하고 여러 저자들의 의견을 조율하여 묵묵히 힘써 주신 김춘지 대표님께 감사드립니다. 마지막으로 항상 저를 믿고 지지해 주는 사랑하는 가족과 아내에게 감사의 마음을 전합니다.

박훈영 저자(hypark432nm@gmail.com)

아직도 파이썬을 처음 시작하며 느꼈던 막막함이 기억납니다. 여러 사람의 노력이 모여 지어진 이 책이, 새롭게 시작하는 누군가에게 좋은 지침서가 될 수 있기를 기원합니다. 시작부터 마무리까지 노력하신 김춘지 대표님, 기꺼이 노하우를 나누어 주신 다른 저자분들, 많은 조언 주신 선후배님들과 친구들, 그리고 사랑하는 가족에게 감사의 마음을 전합니다.

코드 배포 안내

이 책에서 사용된 모든 실습 코드와 데이터는 아래 주소에서 받을 수 있습니다.

https://github.com/bominconsulting/Step-by-step_Python_Learning.App2EarthSci_Rev2023

파이썬 프로그래밍 업데이트 집필진 모집

본 저서에 다양한 연구 분야 활용 사례를 추가하여 시리즈 출판을 계획하고 있습니다.

프로젝트 참여에 관심 있으신 분은 cjkim02@gmail.com로 연락 부탁드리겠습니다.

프로그래밍 교육 문의

연구 분석을 위한 실전 중심의 다양한 교육 프로그램을 기획하고 있습니다[교육 문의: (주)봄인컨설팅(cjkim02@gmail.com)].

본 교재는 (주)봄인컨설팅의 주관으로 기획되었으며 절대적으로 지지해 주신 후원자분들의 크라우드 펀딩으로 출판되었습니다(펀딩 문의: cjkim02@gmail.com).

크라우드 펀딩 후원자 명단

김주완

이수정

김주홍

이승우

김문현

서명석

엄대용

권하택

이민희

대기과학계에서는 자연 현상을 이해하고 원인을 규명하기 위해 데이터 처리 및 분석결과를 표출하는 도구로 포트란, GrADs, NCL 등의 프로그램을 오랜 시간 사용해 왔습니다. 최근 머신러닝과 인공지능 등 최신의 기술을 접목할 수 있는 파이썬이 각광을 받고 있으나, 파이썬을 처음 접하는 연구자들이 이에 익숙해지기까지는 많은 시행착오를 겪습니다. 연구자들의 진입 장벽을 낮추고 배움의 초기 단계의 수고를 덜어 주기 위한 파이썬 매뉴얼의 발간은 참으로 뜻깊은 일입니다.

'차근차근 파이썬 코딩 실습' 시리즈는 파이썬을 시작하는 연구자를 위한 기본편과 대기과학 분야의 연구 분석을 위한 연구 활용 대기과학 편으로 되어 있습니다. 저자들이 지난 수년간 기후, 위성, 태풍 등 각자의 연구 분야에서 연구 결과를 어떻게 표출할 것인지에 대해 다각도로 고민하고, 직접 코드 하나하나 찾아가며 본인의 연구 결과 분석에 최적화한 자료들이 이 책에 고스란히 녹아 있습니다.

이 책을 기획한 ㈜봄인컨설팅의 김춘지 대표님, 그리고 파이썬 노하우를 아낌없이 담은 심성보, 시호연, 진대호, 송강현, 이선주, 이정은, 최다영, 류지훈, 박훈영 저자님들에게 축하의 말씀을 전합니다. 이 책의 기본편은 파이썬에 입문하고자 하는 일반인을 비롯한 학생, 연구자들에게 도움이 되고, 대기과학 편은 대기과학 전공에서 학문을 시작하는 차세대 대기과학도들과 연구자들, 기상산업계 종사자들에게 큰 도움이 되길 기대합니다.

2020년 6월

한국기상학회장

전혜영

대기에서 발생하는 다양한 현상을 연구하는 대기과학 분야에 입문한 연구자들은 기상 관측 자료, 위성 자료, 태풍 자료, 수치 모델 자료 등 수많은 데이터를 처리해야 합니다. 따라서 연구자들은 다양한 데이터를 읽어 분석하고, 그림으로 표출하는 등 고난이도의 컴퓨터 프로그래밍 능력을 필요로 합니다. 사람의 언어가 그러하듯 프로그래밍 언어도 각각의 특징이 있으며 통용되는 사용자 커뮤니티도 있습니다. 프로젝트를 진행하거나 협업을 진행해 본 경험이 있는 연구자는 공통된 프로그래밍 언어를 사용하는 것이 얼마나 중요한지 느꼈을 것입니다.

파이썬은 복잡함보다는 단순함을 선호하고 가독성을 위해 명료하게 구성된다는 장점이 있습니다. 그래서 파이썬 언어는 처음 접하는 사용자도 빠르게 배울 수 있을 뿐만 아니라, 다른 사람이 작성한 코드도 쉽게 해석하고 수정해서 사용할 수 있습니다. 또한 파이썬은 최근 이슈가 되고 있는 빅데이터, 머신러닝, 인공지능을 대기과학 분야에 적용할 수 있는 라이브러리를 다양하게 보유하고 있습니다. 이러한 특징 때문에 파이썬은 대기과학 분야에서 가장 핫하게 떠오르는 컴퓨터 프로그래밍 언어입니다.

저자들은 이러한 파이썬 라이브러리를 활용하여 본인의 연구 분야에 적용한 경험과 노하우를 이 책에 담았습니다. 독자들에게 다양한 형태의 기상 기후자료를 다루는 방법을 예시와 실습을 통해 친절하게 알려 주기 때문에, 처음 파이썬을 활용하면서 경험하는 시행착오를 줄일 수 있습니다. 이 책에 나와 있는 예시를 차근차근 이해하며 실습을 따라 하면 독자가 다룰 수 있는 연구 자료의 종류가 더 풍성해질 것이며 데이터를 분석하고 시각화하는 강력한 도구를 얻게 될 것입니다. 또한 연구에 필요한 분석 요소를 발견하고 연구 성과를 높이는 데 기여할 것이라 믿습니다. 프로그래밍을 배우고 싶은 학생부터 분석 도구를 고민하고 있는 연구자에게 이 책을 추천합니다. 추천인이자 한 사람의 연구자로서 이 책을 읽고 있는 모두가 프로그래밍 공부를 시작으로 대기과학 분야를 개척하는 전문가로 성장하게 되기를 진심으로 바랍니다.

2020년 6월

국립기상과학원장

최근 들어 대기과학 연구 전반에 파이썬을 활용하는 사례가 많이 늘어나고 있습니다. 파이썬을 배울 수 있는 일반 강의나 교재들도 등장하고 있어서, 대기과학자들에게 맞춤형인 특별한 교재가 있다면 그들에게 더욱 유용하겠다고 생각하고 있었습니다. 그러던 중 본 교재의 출판 소식을 알게 되었고, 추천하게 되어 기쁘게 생각합니다.

사실 대기과학 연구를 위해서는 어떤 다른 자연과학 분야보다도 숙련된 컴퓨터 활용 능력이 필수적입니다. 프로그래밍 언어와 쉘 스크립트(shell script)뿐만 아니라 계산 결과를 선명하고 효과적으로 보여 주기 위한 시각화에 이르기까지 대기과학은 연구자들에게 참으로 많은 능력을 요구하는 것 같습니다. 과거와 비교해 인공위성을 비롯한 관측 시스템이 더욱 발달하고 컴퓨터의 시뮬레이션 능력이 향상된 현재에는 다뤄야 할 자료가 방대해지고 처리/분석 방법도 다양해져서 이를 충분히 수행해 낼 수 있는 다기능의 도구가 필요해졌습니다. 파이썬은 그러한 요구를 만족시켜서 현재의 대기과학 연구를 더 능률적으로 수행하는 데 매우 적절한 도구가 되고 있습니다. 본 교재는 다음에 나열한 파이썬의 대표적 장점들을 잘 이해할 수 있도록 구성했음을 발견할 수 있었습니다. 첫째 파이썬은 기존의 프로그래밍 언어나 수학 계산 소프트웨어들의 기능들을 포괄적으로 보유함과 동시에, 둘째로 배우기 어렵지 않은 문법들로 짜인 장점이 있습니다. 셋째, 계산과 동시에 결과를 훌륭한 그래픽으로 재현하는 기능을 겸비하고 있어 편리합니다. 넷째, 대기과학자들이 활용하는 모델/관측 자료들의 형식은 각기 다른 경우가 많은데 이러한 다양한 형태의 입력 자료를 쉽게 읽고 처리하는 데도 파이썬은 탁월한 능력을 갖추고 있습니다.

파이썬은 오픈 소스 기반이므로 누구나 쉽게 접근하여 본 교재에서 다루는 파이썬의 기능들을 경험할 수 있습니다. 본 교재가 파이썬의 문법 전수뿐 아니라 실제 연구에 어떻게 활용될 수 있는지 다양한 사례들을 제시해서 이해도를 높이도록 한 점도 인상적이었습니다. 대기과학을 활발히 연구 중인 현직 과학자들이 그들의 지식과 경험을 토대로 집필하여 독자들에게 생생한 현장감이 느껴지는 교재가 될 것으로 기대됩니다. 파이썬을 이용한 무수한 응용 사례들을 하나도 빠짐없이 담아낼 수는 없겠지만, 독자들의 궁금증 또한 저자들에게 별도의 질문을 통해 해결할 수 있을 것으로 생각합니다. 본 교재가 파이썬을 활용해 대기과학 연구를 지속하고자 하는 모든 분들에게 유용하게 쓰이길 희망합니다.

2020년 6월
Universities Space Research Association, NASA Goddard Space Flight Center
임영진

연구의 시작은 관심 분야와 주제를 선정하고 참조문헌을 읽는 것입니다. 더불어 어떤 자료를 어떻게 처리할지도 고민하기 시작합니다. 연구에서는 자료를 어떻게 처리하고 보여 주는지에 따라 결과가 달라질 수 있어 자료 처리와 분석의 시각화가 중요합니다. 따라서 자료를 처리하고 시각화할 수 있는 프로그래밍 언어의 선택 또한 중요하게 됩니다. 처음 선택한 프로그래밍 언어는 익숙해지면 최소 5년 혹은 그 이상 사용할 수 있기 때문입니다.

파이썬은 자료 처리부터 시각화까지 가능하고 NetCDF 형식도 지원하고 있어 NCL을 대신할 수 있습니다. 또한 인공지능 관련 라이브러리(Keras, Tensorflow, Pytorch 등)까지 있어 익혀 두면 아주 유용한 언어입니다. 첫 독학 프로그래밍 언어는 NCL이었지만 자료 처리의 한계를 느껴 간단명료하고 컴파일러 없이 사용할 수 있는 파이썬에 정착하게 되었습니다. 제가 파이썬을 시작한 시기에 길라잡이가 없어 여러 커뮤니티 사이트로 어렵게 독학하던 시절이 있었습니다. 또한 대기과학 분야에 대한 예시가 적어 자료를 처리하고 원하는 그림을 시각화하는 데 많은 시간이 걸렸습니다. 자료 처리나 시각화 과정 중 에러에 직면할 적에 파이썬을 할 수 있는 분이 거의 없어 조언을 구하기 힘들었고 해결하는데 최소 3일 이상 소요되었습니다. 그때, 이 책이 있었다면 주요하고 필요한 부분만 습득하여 시간을 아끼고 혼자 해결할 수 없는 문제에 대해 조언받을 수 있는 기회가 있었을 것입니다.

파이썬을 시작하기로 결심했다면 이 책을 추천합니다. 이 책은 기본부터 활용까지 갖추고 있습니다. 특히 저자들은 지구과학 분야별 연구자들로 선정한 모든 예시 그림과 사용한 자료부터 시각화까지의 과정을 상세히 언급하고 있어 초보자들에게 유용할 것입니다. 또한 각 예시 그림의 코드에 간단한 설명이 더해져 여러분의 이해를 돕고자 하였습니다. 여러분은 저자들의 노력이 깃든 예시를 차근차근 따라하다 보면 생각한 대로 원하는 자료를 처리하고 원하는 그림을 그릴 수 있는 능력을 갖추게 될 것입니다.

2023년 4월
(재)차세대수치예보모델개발사업단(KIAPS)
최다영

꾸준히 개정판을 편찬하여 대기과학 분야 파이썬 활용의 진정한 바이블이 되길 바랍니다.

- 김주홍 -

출판을 축하드리며, 긍정적이고 역동적인 모습의 당신을 응원합니다.

- 박상환 -

페북 잘 보고 있습니다.
작지만 후원했어요!
출간 잘하셔요!

- 엄대용 -

후학들을 위해 수고가 많아요.

- 서명석 -

파이썬 개정판 출간을 진심으로 축하드립니다. 유저 관점에서 꼭 필요한 내용으로 채워져 있어 파이썬을 사용하는 독자들에게 유용한 길잡이가 되어 줄 것입니다.

- 최현영 -

파이썬 개정판 출간을 축하드립니다. 어두운 바다의 등대 같은 존재가 되어 줄 책이네요.

- 이현하 -

출간 축하드리며 완판 기대합니다!

- 이기석 -

개정판 발간을 축하합니다! 연구자들에게 날개를 달아 주기 위해 차근차근 달려온 저자들과 기획자의 노고에 찬사를 보냅니다.

- 이승우 -

대기과학 연구자들에게 파이썬에 대한 진입 장벽을 낮춰 준 차근차근 파이썬 개정판 출간을 축하합니다.

- 이종화 -

⑨ GRIB 자료의 활용

⑩ 웹 크롤링을 활용한 자료 수집 및 활용

6. 자료의 후처리 및 기타

진대호(Daeho.Jin@NASA.gov)

6-1. 자료 분포의 시각화

자료의 분포(data distribution)를 파악할 수 있는 쉬운 방법으로 히스토그램이 있습니다. 열대 기후에서 가장 중요한 현상 중의 하나인 Madden-Julian Oscillation(MJO)의 진행 상황과 강도를 알려 주는 Real-Time Multivariate MJO Index(RMM Index; Wheeler and Hendon, 2004)[1]를 이용하여 자료의 분포를 보여 주는 다양한 방법에 대해 알아보겠습니다. (자료는 http://www.bom.gov.au/climate/mjo/graphics/rmm.74toRealtime.txt에서 받을 수 있습니다)

6-1-1. 기본 막대그래프

자료의 분포를 파악하는 기본적인 방법 중 하나는 히스토그램을 살펴보는 것입니다. 막대그래프는 히스토그램을 표현하는 데 적합한 시각화 방법입니다. 여기서는 세 가지 모양의 막대그래프를 생성하는 방법에 대하여 살펴보겠습니다. 다음은 프로그램의 진행 순서입니다.

---

1) RMM Index가 기록된 텍스트 파일을 읽어 MJO 위상별로 MJO의 강도(strength) 변수 정리하기
2) 그림에 사용될 함수와 그림 객체를 정의하고 서브플롯 패널(axes) 크기를 지정하기
3) 각각의 서브플롯 패널에 막대그래프 그리기
4) 그림 세부 설정 조정 후 파일로 그림을 저장

---

1) Wheeler, M. C., and H. H. Hendon, 2004: An all-season real-time multivariate MJO index: Development of an index for monitoring and prediction. Mon. Wea. Rev., 132, 1917-1932.

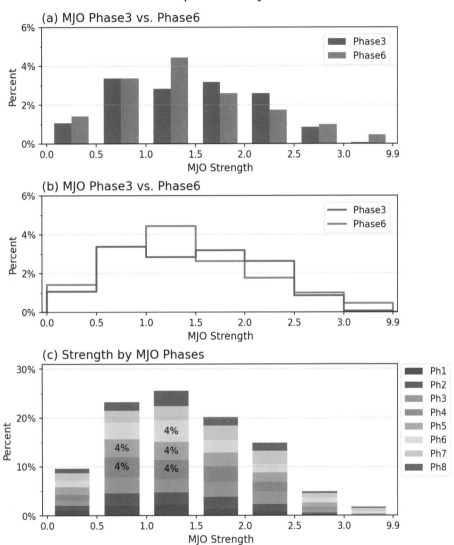

그림 6-1. MJO 위상(phase) 3기와 6기 간의 강도별 분포 비교,
(a) 보통의 막대그래프와 (b) 계단선 그래프. (c) 전체 8가지 MJO 위상(Phase)의 누적 분포도.

a. 텍스트 파일을 읽어 RMM Index를 불러들이고 MJO 위상별로 정리하기

```python
### 사용되는 패키지 불러오기
import sys
import os.path
import numpy as np
from datetime import date
import Code_6_common_functions as cf
## <-- From "Code_6_common_functions.py"

def main():
    ### Parameters
    rmm_fname= './Data/rmm.74toRealtime.txt'
    tgt_dates= (date(2000,11,1),date(2020,3,31))
    ph2draw= [3,6] ## MJO Phases 3 and 6 selected

    ### Read RMM data
    mons,pcs,phs= cf.read_rmm_text(rmm_fname,tgt_dates)
    print(pcs.shape) ## Check the dimension

    ### Filtering only for Nov-Mar
    tidx= np.logical_or(mons>=11,mons<=3)
    pcs= pcs[tidx,:]
    phs= phs[tidx]
    print(pcs.shape) ## Check the dimension after filtering

    ### Calculate strength from PCs
    strs= np.sqrt((pcs**2).sum(axis=1))
    print(strs.min(),strs.max())
    ##<-- Check the range of strength if any weird value
exists

    ### Build histogram of strength by MJO phase
    ## Produce 7 histogram bins
    bin_bounds= np.arange(0.,4.,0.5)
    ## Extend the last bin to extremely large values
    bin_bounds[-1]= 9.9
```

```
    hists= []
    for ph in range(1,9,1): ## For each MJO phase
        phidx= phs==ph
        hist= np.histogram(strs[phidx],bin_bounds)[0]
        hists.append(hist)
    hists= np.asarray(hists)
    print(hists.shape) ## Check the dimension

    ## Normalized by total population (now in percent)
    hists= hists/phs.shape[0]*100.

    ### Prepare data for plotting
    outdir= "./Pics/"
    fnout= outdir+"Code6-1-1_vertical_bar_example.png"
    suptit= "Bar Plot Example with MJO RMM Index"
    pic_data= dict(hist_data=hists, ph2draw=ph2draw,
                   bin_bounds=bin_bounds,
                   suptit=suptit, fnout=fnout,
    )
    plot_main(pic_data)  ## Call the function to plot
    return

if __name__=="__main__":
    main()
```

RMM Index 자료는 2000년 11월 1일부터 2020년 3월 31일까지 읽은 후 매해 11월
에서 3월까지 5개월간의 자료만 모읍니다. 모인 인덱스(index) 자료로부터 MJO의 강
도를 계산한 후, 각 MJO의 위상(phase)별로 MJO 강도의 히스토그램을 계산합니다. 마
지막으로 히스토그램의 값들을 전체 데이터 크기로 나누고 100을 곱하여 백분율(%)
값으로 정규화시킵니다. 여기까지의 결과물은 [8가지의 MJO 위상×7개의 히스토그램
구간] 크기의 정규화된 Numpy 배열입니다.

b. 그림 객체 생성하기

위의 주어진 결과물을 이용하여 세 가지 형태의 그림을 그립니다. 상단에는 보통의 막대
그래프를, 중간에는 선으로 이어진 막대그래프를, 그리고 하단에는 누적 막대그래프를
그립니다.

```python
### 사용되는 패키지 불러오기
import matplotlib.pyplot as plt
import matplotlib as mpl
from matplotlib.ticker import MultipleLocator,
AutoMinorLocator, FormatStrFormatter


def plot_main(pdata):
    ## 인계된 변수를 사용하기 쉬운 형태로 바꾸고 기본 설정을 합니다.
    hist_data= pdata['hist_data']
    bin_bounds= pdata['bin_bounds']
    ph2draw= pdata['ph2draw']
    abc, ai= 'abcdefghijklmn', 0
    ncol, nrow= 1, 3.3  ## The last panel would be larger.
    nbins= hist_data.shape[1]

    ###---
    fig= plt.figure()
    fig.set_size_inches(6,8.5)  ## (xsize,ysize)
    ### Page Title
    fig.suptitle(pdata['suptit'], fontsize=16, y=0.97,
va='bottom') #stretch='semi-condensed'

    ### Parameters for subplot area
    left,right,top,bottom= 0.05, 0.95, 0.925, 0.05
    npnx,gapx,npny,gapy= ncol, 0.03, nrow, 0.09
    lx= (right-left-gapx*(npnx-1))/npnx
    ly= (top-bottom-gapy*(npny-1))/npny
    ly2=ly*1.3  ## For the bigger last panel
    ix,iy= left, top
```

```
###-- Top Panel:
###-- Compare strength distribution of phase 3 and 6
ax1= fig.add_axes([ix,iy-ly,lx,ly])

### Parameters for this panel
nvars= len(ph2draw)
h_gap= 0.3  ## Gap between two bins
wd= (1-h_gap)/nvars ## Width of a bar
xlocs= cf.bar_x_locator(wd,data_dim=[nvars,nbins])
cc=['b','r'] ## Preset colors for each bar

### Draw Bar Plot
for i,ph in enumerate(ph2draw):
    pbar= ax1.bar(xlocs[i], hist_data[ph-1,:],
                  width=wd, color=cc[i], alpha=0.8,
                  label='Phase{}'.format(ph),
        )

### Fine tuning and decorating
y_range=[0,6]
subtit='({}) MJO Phase{} vs. Phase{}'.format(
        abc[ai], *ph2draw); ai+=1
        ##<-- '*' operator: unpack iterable object
bar_common(ax1, subtit, x_dim=nbins,
           xt_labs=bin_bounds, y_range=y_range )
ax1.set_xlabel('MJO Strength', fontsize=11)
ax1.set_ylabel('Percent', fontsize=11)
ax1.legend(loc='upper right', fontsize=10,
           bbox_to_anchor=(0.99,0.98), framealpha=0.75)
iy=iy-ly-gapy

###-- Middle Panel:
###-- Lined Bar(Step) plot
ax2=fig.add_axes([ix,iy-ly,lx,ly])

### Parameters for this panel
xx= np.arange(nbins+2)-1
##<-- Need extra values for both sides
```

```
### Draw Lined Bar Plot
for i,ph in enumerate(ph2draw):
    ## Add zero values at both sides
    data1= np.pad(hist_data[ph-1,:],(1,1),
                  mode='constant', constant_values=0 )
    pbar2= ax2.step(xx, data1, where='mid',
                    color=cc[i], lw=2, alpha=0.8,
                    label='Phase{}'.format(ph),
        )

### Fine tuning and decorating
subtit= '({}) MJO Phase{} vs. Phase{}'.format(
        abc[ai],*ph2draw); ai+=1
bar_common(ax2, subtit, x_dim=nbins,
           xt_labs=bin_bounds, y_range=y_range )
ax2.set_xlabel('MJO Strength', fontsize=11)
ax2.set_ylabel('Percent', fontsize=11)
ax2.legend(loc='upper right', fontsize=10,
           bbox_to_anchor=(0.99,0.98), framealpha=0.75)
iy=iy-ly-gapy

###-- Bottom Panel:
###-- Stacked bar for all phases
ax3= fig.add_axes([ix,iy-ly2,lx,ly2])

### Parameters for this panel
wd=0.7 ## Width of bar
xlocs= cf.bar_x_locator(wd,data_dim=[1,nbins])

### Pick colors from existing colormap
nph= hist_data.shape[0]
cm= mpl.colormaps['nipy_spectral'].resampled(nph+2)
cm= cm(np.arange(nph+2)) ## +2 to exclude end colors
cc= []
for i in range(nph):
    cc.append([tuple(cm[i+1,:-1]),])

### Draw stacked bar
```

```
base= np.zeros([nbins,])   ## Need information of bar base
for k in range(nph):
    pbar3= ax3.bar(xlocs[0], hist_data[k,:],
                    width=wd, bottom=base,
                    color=cc[k], alpha=0.9,
                    label='Ph{}'.format(k+1),
                    )
    cf.write_val(ax3, values= hist_data[k,:],
                crt=3.5, xlocs= xlocs[0],
                ylocs= base+hist_data[k,:]/2.,
                )
    base+= hist_data[k,:] ## Update base of bar

### Fine tuning and decorating
subtit='({}) Strength by MJO Phases'.format(abc[ai])
ai+=1
bar_common(ax3, subtit, x_dim=nbins,
           xt_labs=bin_bounds, y_range=[0,31] )
ax3.set_xlabel('MJO Strength', fontsize=11)
ax3.set_ylabel('Percent', fontsize=11)
ax3.legend(loc='upper left', bbox_to_anchor=(1.01,1.),
           borderaxespad=0, fontsize=10 )

###--- Save or Show
plt.savefig(pdata['fnout'],bbox_inches='tight',dpi=150)
print(pdata['fnout'])
#plt.show()
return
```

그림을 그릴 페이지를 정의하고 그 페이지 안에 subplot이 몇 개가 어떻게 들어갈지 정의합니다. 여기서는 3행(row) 1열(column)으로 정의되었습니다. 페이지의 전체 제목을 작성하고 상단의 막대그래프를 그립니다. 막대그래프를 그릴 자료의 차원에 따라 먼저 막대그래프의 위치를 잡고, 주어진 위치에 정해진 색으로 막대그래프를 그립니다. 이후 상단 패널의 제목과 축의 눈금 등을 세부 조정합니다.

중간 패널에는 "Axes.step()" 함수를 이용하여 선으로 이어진 막대그래프를 그립니다. 입력 데이터와 추후 꾸미는 부분은 상단 막대그래프와 동일합니다. 위의 경우 기존 "Axes.step()" 함수는 주어진 데이터 바깥에는 선이 안 그려지기 때문에 인위적으로 "Numpy.pad()" 함수를 이용하여 데이터의 앞뒤에 값 "0"을 추가하였습니다.

마지막으로 하단 패널에 누적 막대그래프를 그립니다. 누적 막대그래프는 각각의 색을 달리 지정하여 알아보기 쉽게 하였습니다. 여기서는 기존의 'nipy_spectral' 색지도(colormap)에서 색을 불러들여 필요한 만큼 저장합니다. 누적 막대그래프는 "base" 값을 갱신함으로써 차곡차곡 쌓는 모양으로 그려집니다. 누적 막대그래프로 그려진 값들 중에 특정 조건(여기서는 3.5%) 이상인 경우 숫자로 값을 표시하였습니다. 이후 완성된 그림 객체를 주어진 파일 이름으로 주어진 조건에 맞추어 저장합니다.

형식		
Axes.step(x, y, *args, where='pre', data=None, **kwargs)		
매개변수	설정하는 특성	옵션
x	그래프의 x 값들	1차원 배열/리스트
y	그래프의 y 값들	x와 길이가 같은 1차원 배열/리스트
where	스텝이 자리할 위치	'pre', 'post', 'mid' 'pre'의 경우 (x[i-1], x[i]) 구간에 y[i] 값의 선이 그어지고, 'post'의 경우(x[i], x[i+1]) 구간에 y[i] 값의 선이 그어집니다.
data	라벨 데이터	만약 주어지면 해당하는 x, y 위치에 라벨을 표시합니다.
**kwargs	추가적인 옵션	옵션은 Axes.plot()의 옵션을 따릅니다. 선의 색과 두께, 선 모양 등을 지정할 수 있습니다.

표 6-1. 선으로 이어진 막대그래프를 그리는 "Axes.step()" 함수

형식		
Numpy.pad(array, pad_width, mode='constant', **kwargs)		
매개변수	설정하는 특성	옵션
array	입력 데이터	배열 혹은 배열과 유사한 형식

pad_width	입력 데이터의 각 축에 따라 끝에 값이 추가될 너비(자료의 개수)	입력 데이터가 N개의 축이 있을 경우 ((before_1, after_1), ⋯ (before_N, after_N)) 형식으로 정의. 만약 정수 숫자 하나만 주어질 경우 모든 축의 앞과 뒤에 똑같은 크기로 값들이 추가됨.
mode	끝에 값이 추가되는 방식	'constant' (default); 'constant_values' 상수 지정 'edge'; 기존 배열 끝 값을 복사 'linear_ramp'; 'end_values'를 향해 선형으로 증가 혹은 감소 'maximum'; 'stat_length'에서 최댓값 'mean'; 'stat_length'에서 평균값 'median'; 'stat_length'에서 중간값 'minimum'; 'stat_length'에서 최솟값 'reflect'; 끝 값 제외 반사 (대칭) 'symmetric'; 끝 값 포함 대칭 (반사) 'wrap'; 예) 오른편 끝 이후에 왼쪽 끝 값을 추가 'empty'; 값이 정해지지 않음 〈padding function〉; 임의의 함수

표 6-2. 주어진 배열의 양 끝에 값을 추가하는 "Numpy.pad()" 함수

c. 이 프로그램을 위해 정의된 함수(들)

```python
### 막대그래프를 공통적으로 꾸며 주는 명령어들을 모아 놓은 함수
def bar_common(ax,subtit,x_dim=10,xt_labs=[],y_range=[]):
    """
    Decorating Bar plot
    """
    ### Title
    ax.set_title(subtit, fontsize=13, ha='left', x=0.0)

    ### Axis Control
    ## x-tick location; ticks will be on the boundary of bins
    xx= np.arange(x_dim+1)
    ax.set_xlim(xx[0]-0.6,xx[-2]+0.6)
    ##<-- Add extra space on both sides
```

```
    ax.set_xticks(xx-0.5)   ## "-0.5": move to boundary
    ax.set_xticklabels(xt_labs) #,rotation=35,ha='right')
    if len(y_range)==2:
        ax.set_ylim(y_range)

    ### Ticks and Grid
    ax.tick_params(axis='both',which='major',labelsize=10)
    ax.yaxis.set_major_formatter(
                            FormatStrFormatter("%d%%"))
    ##<-- Traditional way
    ax.yaxis.set_major_formatter("{x:.0f}%")
    ##<-- It is also working on ver 3.3+

    ## Change y-tick interval by range of y values
    if y_range[1]-y_range[0]<=5:
        ax.yaxis.set_major_locator(MultipleLocator(1))
    elif y_range[1]-y_range[0]<=10:
        ax.yaxis.set_major_locator(MultipleLocator(2))
    elif y_range[1]-y_range[0]<40:
        ax.yaxis.set_major_locator(MultipleLocator(5))
    else:
        ax.yaxis.set_major_locator(MultipleLocator(10))
    ax.yaxis.set_minor_locator(AutoMinorLocator(2))
    ax.grid(axis='y',color='0.7',linestyle=':',linewidth=1)
    return
```

d. "Code_6_common_functions.py" 에 정의된 함수(들)

```
### 텍스트 형식의 RMM Index 자료를 읽어 들이는 함수
def read_rmm_text(fname, date_range=[]):
    """
    Read RMM Index Text file
    fname: include directory
    date_range: start and end dates, including both end
dates, optional
    """

    if not os.path.isfile(fname):   ## Check if file exists
```

```
                sys.exit("File does not exist: "+fname)


    ## Check if 'date_range' input is in correct form
    if len(date_range)==0:
        print("For all data records in RMM file")
    elif len(date_range)==2:
        date_txt= [ dd.strftime('%Y.%m.%d')
                      for dd in date_range ]
        print("From {} to {}".format(*date_txt))
    else:
        print("date_range should be [] or [ini_date,end_
date]")
        sys.exit()


    months, pc, phs=[], [], []
    with open(fname,'r') as f:
        for i,line in enumerate(f):
            if i>=2:  ### Skip header (2 lines)
                ww=line.strip().split()
                onedate=date(*map(int,ww[0:3]))
                ##<-- "map()": Apply "int()" function to
                ## each member of ww[0:3]
                if len(date_range)==0 \
                  or (len(date_range)==2
                  and onedate>=date_range[0]
                  and onedate<=date_range[1]):
                    pc.append([float(ww[3]),float(ww[4])])
                    ##<-- RMM PC1 and PC2
                    phs.append(int(ww[5]))   ## MJO Phase
                    months.append(onedate.month)  ## Month

    print("Total RMM data record=",len(phs))
    return np.asarray(months), np.asarray(pc), np.asarray(phs)
##<-- Return as Numpy array


### x축상에서 막대그래프의 위치를 잡아 주는 함수
def bar_x_locator(width, data_dim=[1,10]):
    """
```

```
    Depending on width and number of bars,
    return bar location on x axis
    Input width: (0,1) range
    Input data_dim: [# of vars, # of bins]
    Output locs: list of 1-D array(s)
    """
    xx=np.arange(data_dim[1])
    shifter= -width/2*(data_dim[0]-1)
    locs=[]
    for x1 in range(data_dim[0]):
        locs.append(xx+(shifter+width*x1))
    return locs

### 지정된 위치에 값을 표시하는 함수
def write_val(ax, values, xlocs, ylocs, crt=0, ha='center',
va='center', dformat='{:.0f}%'):
    """
    Show values on designated location if val>crt.
    Input values, xloc, and yloc should be of same dimension
    """
    ### Show data values with Axes.text()
    for val,x1,y1 in zip(values,xlocs,ylocs):
        if val>crt: # Write large enough numbers only
            pctxt= dformat.format(val)
            ax.text(x1,y1,pctxt,ha=ha,va=va,
                    stretch='semi-condensed',fontsize=10)
    return
```

"read_rmm_text()" 함수는 텍스트 형식의 RMM Index 자료 파일에서 주어진 기간 동안의 Index와 Phase 그리고 각 날짜의 월(month)만 저장합니다. 월 정보는 이후 겨울 자료만 뽑아낼 때 이용됩니다. "bar_x_locator()" 함수는 막대그래프의 너비와 개수에 따라 위치를 잡아 주는 역할을 합니다. "write_val()" 함수는 특정한 조건에 맞추어 막대 그래프의 값을 숫자로 표시합니다.

e. 명령어 창 출력 예제

```
>> python3 Code_6-1-1_Bar_Plot_py3.py
From 2000.11.01 to 2020.03.31
Total RMM data record= 7091
(7091, 2)
(3025, 2)
0.044230894820788506 4.63218966098177
(8, 7)
./Pics/Code6-1-1_vertical_bar_example.png
```

6-1-2. 수평 막대그래프와 바이올린 플롯

앞 절에서 소개된 막대그래프는 수평 방향으로 그릴 수도 있습니다. 또한 상자-수염 그림(Box-Whisker plot)과 바이올린 그림(violin plot)도 자료의 분포를 표현하는 데 자주 이용됩니다. 여기서는 수평 방향의 막대그래프 및 상자-수염/바이올린 그림을 생성하는 방법에 대하여 살펴보겠습니다. 아래는 프로그램의 진행 순서입니다.

1) RMM Index가 기록된 텍스트 파일을 읽어 MJO 위상별로 MJO의 강도(strength) 변수 정리하기 (6-1-1과 동일)
2) 그림에 사용될 함수와 그림 객체를 정의하고 서브플롯 패널(axes) 크기를 지정하기
3) 각각의 서브플롯 패널에 막대그래프와 바이올린 그림 그리기
4) 그림 세부 설정 조정 후 파일로 그림을 저장

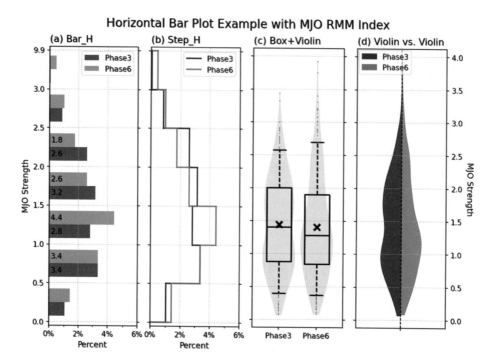

그림 6-2. MJO 위상(phase) 3기와 6기 간의 강도별 분포 비교,
(a) 수평 막대그래프와 (b) 선 그래프. (c) Box-Whisker plot과 바이올린 플롯,
(d) 바이올린 플롯 절반을 서로 붙여 비교를 용이하게 함.

a. 텍스트 파일을 읽어 RMM Index를 불러들이고 MJO 위상별로 정리하기

```
### 사용되는 패키지 불러오기
import sys
import os.path
import numpy as np
from datetime import date
import Code_6_common_functions as cf
## <-- From "Code_6_common_functions.py"


def main():
    ###---
    ### 자료 처리 부분은 6-1-1-a의 코드와 동일하므로 생략합니다.
    ###---
```

```
### Prepare data for plotting
outdir= "./Pics/"
fnout= outdir+"Code6-1-2_barh+Violin_example.png"
suptit= "Horizontal Bar Plot Example with MJO RMM Index"
pic_data= dict(hist_data=hists, ph2draw=ph2draw,
               phs_strs=(phs,strs), bin_bounds=bin_bounds,
               suptit=suptit, fnout=fnout,
)
plot_main(pic_data)   ## Call the function to plot
return

if __name__=="__main__":
    main()
```

b. 그림 객체 생성하기

위의 주어진 결과물을 이용하여 네 가지 형태의 그림을 그립니다. 왼쪽부터 오른쪽으로 수평 막대그래프, 수평 선-막대그래프, 바이올린 그림과 상자-수염 그림 그리고 절반으로 잘라 이어 붙인 바이올린 그림을 그립니다.

```
### 사용되는 패키지 불러오기
import matplotlib.pyplot as plt
from matplotlib.ticker import MultipleLocator,
AutoMinorLocator, FormatStrFormatter
from itertools import repeat

def plot_main(pdata):
    ## 인계된 변수를 사용하기 쉬운 형태로 바꾸고 기본 설정을 합니다.
    hist_data= pdata['hist_data']
    phs, strs= pdata['phs_strs']
    bin_bounds= pdata['bin_bounds']
    ph2draw= pdata['ph2draw']
    abc, ai= 'abcdefghijklmn', 0
    ncol, nrow= 4, 1
    nbins= hist_data.shape[1]
```

```
###---
fig= plt.figure()
fig.set_size_inches(8.5,6)  ## (xsize, ysize)
### Page Title
fig.suptitle(pdata['suptit'], fontsize=16, y=0.975,
va='bottom') #stretch='semi-condensed'

### Parameters for subplot area
left,right,top,bottom= 0.05, 0.95, 0.92, 0.05
npnx,gapx,npny,gapy= ncol, 0.03, nrow, 0.1
lx= (right-left-gapx*(npnx-1))/npnx
ly= (top-bottom-gapy*(npny-1))/npny
ix,iy= left, top

###-- Panel 1:
###-- Compare strength distribution of phase 3 and 6
ax1= fig.add_axes([ix,iy-ly,lx,ly])

### Parameters for this panel
nvars= len(ph2draw)
cc= ['DarkBlue','IndianRed'] ## Set colors for each bar

h_gap= 0.3
wd= (1-h_gap)/nvars ## Width (actually height) of bar
ylocs= cf.bar_x_locator(wd, data_dim=[nvars, nbins])

### Draw Bar Plot
for i,ph in enumerate(ph2draw):
    pbar= ax1.barh(ylocs[i], hist_data[ph-1,:],
                   height=wd, color=cc[i], alpha=0.7,
                   label='Phase{}'.format(ph),
    )
    cf.write_val(ax1, values=hist_data[ph-1,:],
            xlocs=repeat(0.1), ylocs=ylocs[i],
            crt=1.45, ha='left', dformat='{:.1f}',
    )  ## itertools.repeat: make constant iterable

### Fine tuning and decorating
```

```
x_range= [0,6]
subtit= '({}) Bar_H'.format(abc[ai]); ai+=1
barh_common(ax1, subtit, y_dim=nbins,
            yt_labs=bin_bounds, x_range=x_range )
ax1.set_xlabel('Percent', fontsize=11) # ,labelpad=0)
ax1.set_ylabel('MJO Strength', fontsize=11)
ax1.legend(loc='upper right', fontsize=10,
          bbox_to_anchor=(0.99,0.995), framealpha=0.75)
ix= ix+lx+gapx

###-- Panel2:
###-- Lined Bar(Step) plot
ax2= fig.add_axes([ix,iy-ly,lx,ly])

### Parameters for this panel
yy= np.arange(len(bin_bounds))-0.5

### Draw lined bar plot
for i,ph in enumerate(ph2draw):
    data1= np.pad(hist_data[ph-1,:], (1,1),
                  mode='constant', constant_values=0,
    )  ## Add zero values at both sides
    pbar2= cf.plot_horizontal_step(ax2,
            xx=hist_data[ph-1],
            yy=yy,label='Phase{}'.format(ph),
            props=dict(color=cc[i],lw=2,alpha=0.9)
    )

### Fine tuning and decorating
subtit= '({}) Step_H'.format(abc[ai]); ai+=1
barh_common(ax2, subtit, y_dim=nbins,
            yt_labs=[], x_range=x_range)
ax2.set_xlabel('Percent', fontsize=11)
#ax2.set_ylabel('MJO Strength', fontsize=12)
##<-- No enough room for ylabel, so omitted
ax2.legend(bbox_to_anchor=(.99,0.995), framealpha=0.75,
          loc='upper right', fontsize=10)
ix= ix+lx+gapx
```

```
###--- Panel3:
###--- Box plot over Violin plot
ax3= fig.add_axes([ix,iy-ly,lx,ly])

### Parameters for this panel
wd_box= 0.65 ## Width of box
wd_vio= 0.85 ## Width of violin
xtm= np.arange(0,nvars) ## x-location for box/violin plot

### Collect data for box and violin plot
data= []
for i,ph in enumerate(ph2draw):
    data.append(strs[phs==ph])

### There are several box plot properties to edit
flierprops= dict(marker='.', markerfacecolor='gray',
                 markeredgecolor='none', markersize=3,
                 linestyle='none')
meanprops= dict(marker='x', markeredgecolor='k',
                markerfacecolor='k', markersize=9,
                markeredgewidth=2.5 )

box1=ax3.boxplot(data, positions=xtm, whis=[5,95],
        widths=wd_box, showfliers=True,
        meanline=False, showmeans=True,
        boxprops=dict(linewidth=1.5, color='k'),
        medianprops=dict(color='k', linewidth=1.5),
        meanprops=meanprops, flierprops=flierprops,
        capprops=dict(linewidth=1.5,color='k'),
        whiskerprops=dict(linewidth=1.5,linestyle='--')
)

### Draw violin plot
vio1= ax3.violinplot(data, positions=xtm,
                     showextrema=False, widths=wd_vio)
## Change color of violin plot
for b1 in vio1['bodies']:
    b1.set_color('PaleGoldenrod')
```

```
    b1.set_alpha(0.9)

    ### Fine tuning and decorating
    subtit= '({}) Box+Violin'.format(abc[ai]); ai+=1
    ax3.set_title(subtit, fontsize=13, ha='left', x=0.0)
    ax3.set_yticklabels('')
    ax3.yaxis.set_ticks_position('both')
    ax3.set_xlim(xtm[0]-0.7,xtm[1]+0.7)
    ax3.set_xticklabels(['Phase{}'.format(ph) for ph in
ph2draw])
    ax3.grid(axis='y', color='0.7', linestyle=':',
linewidth=1)
    ix= ix+lx+gapx

    ###--- Panel4:
    ###--- Violin plot, half and half
    ax4= fig.add_axes([ix,iy-ly,lx,ly])

    ### Draw violin plot first at same position
    vio1= ax4.violinplot([data[0],], positions=[0,],
                    showextrema=False, widths=1,)
    vio2= ax4.violinplot([data[1],], positions=[0,],
                    showextrema=False, widths=1,)

    ### Change properties of violin plot
    for b1,b2 in zip(vio1['bodies'], vio2['bodies']):
        b1.set_color(cc[0]); b1.set_alpha(0.8)
        m= np.mean(b1.get_paths()[0].vertices[:, 0])
        b1.get_paths()[0].vertices[:, 0]= np.clip(
            b1.get_paths()[0].vertices[:, 0], -np.inf, m)

        b2.set_color(cc[1]); b2.set_alpha(0.8)
        m= np.mean(b2.get_paths()[0].vertices[:, 0])
        b2.get_paths()[0].vertices[:, 0]= np.clip(
            b2.get_paths()[0].vertices[:, 0], m, np.inf)

    ### Need to draw manual legend
    import matplotlib.patches as mpatches
```

```
patch1= mpatches.Patch(color=cc[0])
patch2= mpatches.Patch(color=cc[1])
ax4.legend([patch1,patch2],
        ['Phase{}'.format(ph) for ph in ph2draw],
        bbox_to_anchor=(0.02,0.995), loc='upper left',
        fontsize=10, framealpha=0.6, borderaxespad=0.,
)

### Fine tuning and decorating
subtit='({}) Violin vs. Violin'.format(abc[ai]); ai+=1
ax4.set_title(subtit,fontsize=13,ha='left',x=0.0)
ax4.set_xlim(-1.1,1.1)
ax4.set_xticks([0,])
ax4.set_xticklabels('')
## Draw vertical line for whole axes height
ax4.axvline(x=0, linestyle='--', lw=1, c='k')
ax4.yaxis.tick_right()
ax4.yaxis.set_label_position("right")
ax4.yaxis.set_ticks_position('both')
ax4.set_ylabel('MJO Strength', fontsize=11,
                rotation=-90, va='bottom') # ,labelpad=0)
ax4.grid(axis='y', color='0.7', linestyle=':',
linewidth=1)

###--- Save or Show
plt.savefig(pdata['fnout'],bbox_inches='tight',dpi=150)
print(pdata['fnout'])
#plt.show()
return
```

그림을 그릴 페이지를 정의하고 그 페이지 안에 subplot이 몇 개가 어떻게 들어갈지 정의합니다. 여기서는 1행(row) 4열(column)로 정의되었습니다. 페이지의 전체 제목을 작성하고 좌측부터 수평 막대그래프와 수평선 막대그래프를 그립니다. 막대그래프를 그릴 자료의 차원에 따라 먼저 막대그래프의 위치를 잡고, 주어진 위치에 정해진 색으로 막대그래프를 그립니다. 수평 막대그래프의 경우 x축과 y축이 서로 바뀌었다는 점만 제외하면 6-1-1의 예제와 거의 같습니다. "write_val()" 함수에서 주어진 x 좌표값은 상수인데, 함수에서는 y 좌표값과 같은 크기의 (유사) 배열을 원하므로 "repeat()" 함수를 이용하여 상수가 반복적으로 입력되도록 합니다.

형식		
itertools.repeat(object, [times])		
매개변수	설정하는 특성	옵션
object	입력 객체	반복할 임의의 객체
times	반복할 횟수	지정하면 지정된 횟수만큼만 반복

표 6-3. 임의의 객체를 반복적으로 표출하는 "itertools.repeat()" 함수

세 번째 열에는 박스 플롯과 바이올린 플롯을 겹쳐 그립니다. 박스 플롯의 경우 모든 선의 색과 굵기를 조절하기 위해 각종 성질(property)이 수동으로 입력되었습니다. 바이올린 플롯은 주어진 자료의 Gaussian kernel density estimation을 그려 줍니다.

오른쪽 마지막 패널에는 두 개의 바이올린 플롯을 반만 그리고 서로 붙여 분포를 비교하기 쉽도록 합니다. 기본적으로 일단 바이올린 플롯을 생성한 후에 각각의 바이올린 플롯의 모양을 수정하는 방식으로 진행됩니다. 바이올린 플롯의 경우 범례에 쓰일 이름("label" 옵션)을 지원하지 않기 때문에 범례를 그리기 위해 임의의 "Patch"를 바이올린 플롯과 같은 색으로 생성한 후, 이 "Patch"를 이용하여 범례를 만들었습니다. 이후 패널의 축 눈금과 이름 등을 꾸민 후에 주어진 파일 이름으로 그림을 저장합니다.

형식

Axes.violinplot(dataset, positions=None, vert=True,
        widths=0.5, showmeans=False, showextrema=True,
        showmedians=False, quantiles=None, points=100,
        bw_method=None, *, data=None)

매개변수	설정하는 특성	옵션
dataset	입력 자료	배열 혹은 벡터의 모음
positions	바이올린 플롯의 위치	배열 혹은 유사 배열
vert	수직 혹은 수평 선택	'True': 수직 바이올린 플롯 'False': 수평 바이올린 플롯
widths	너비	바이올린 플롯의 최대 너비 혹은 폭
showmeans	평균 표시	'True' 혹은 'False'
showextrema	극한값 표시	'True' 혹은 'False'
showmedians	중간값 표시	'True' 혹은 'False'
quantiles	입력 자료의 사용할 부분(변위)	만약 값이 주어지면 주어진 변위만큼의 자료를 이용해 바이올린 플롯 생성; 0과 1 사이의 실수의 리스트
points	입력 자료의 가우시안 밀도 계산에 사용될 자료의 개수	상수; 기본은 100
bw_method	가우시안 밀도 계산 시 bandwidth를 설정하는 방법	'scott', 'silverman', 상수, 혹은 GaussianKDE 객체. 기본은 'scott'

표 6-4. 바이올린 플롯을 그리는 "Axes.violinplot()" 함수

형식		
Axes.axvline(x=0, ymin=0, ymin=1, **kwargs)		
매개변수	설정하는 특성	옵션
x	x축상의 위치	상수
ymin	y 최솟값: 선이 시작하는 위치	선택 사항이며, 0과 1 사이의 값
ymax	y 최댓값: 선이 끝나는 위치	선택 사항이며, 0과 1 사이의 값
**kwargs	추가적인 옵션	옵션은 Axes.plot()의 옵션을 따릅니다. 선의 색과 두께, 선 모양 등을 지정할 수 있습니다.

표 6-5. 수직선을 그리는 "Axes.axvline()" 함수.
비슷하게 수평선을 그리는 함수로 "Axes.axhline()"가 있음

c. 이 프로그램을 위해 정의된 함수(들)

```
### 막대그래프를 공통적으로 꾸며 주는 명령어들을 모아 놓은 함수
def barh_common(ax,subtit,y_dim=10,yt_labs=[],x_range=[]):
    """
    Decorating Barh plot
    """
    ### Title
    ax.set_title(subtit, fontsize=13, ha='left', x=0.0)

    ### Axis Control
    ## Add 1 to show ticks on bin boundaries
    yy= np.arange(y_dim+1).
    ax.set_ylim(yy[0]-0.6, yy[-2]+0.6)
    ##<-- Add space on both sides

    ax.set_yticks(yy-0.5)
    ax.set_yticklabels(yt_labs) # ,rotation=35,ha='right')
    if len(x_range)==2:
        ax.set_ylim(x_range)

### Ticks and Grid
    ax.tick_params(axis='both',which='major',labelsize=10)
    ## For all versions
    # ax.xaxis.set_major_formatter(FormatStrFormatter("%d%%"
))
    ## For Matplotlib Ver. 3.3+
    ax.xaxis.set_major_formatter("{x:.0f}%")

    ## Change y-tick interval by range of y values
    if x_range[1]-x_range[0]<=5:
        ax.xaxis.set_major_locator(MultipleLocator(1))
    elif x_range[1]-x_range[0]<=10:
        ax.xaxis.set_major_locator(MultipleLocator(2))
    elif x_range[1]-x_range[0]<=30:
        ax.xaxis.set_major_locator(MultipleLocator(5))
    else:
```

```
        ax.xaxis.set_major_locator(MultipleLocator(10))
    ax.xaxis.set_minor_locator(AutoMinorLocator(2))
    ax.grid(axis='both',color='0.7',linestyle=':',lw=1)
    return
```

d. "Code_6_common_functions.py"에 정의된 함수(들)

```
### 수평선 막대그래프를 그리는 함수
def plot_horizontal_step(ax, xx, yy, label='',
props=dict(color='k',)):
    '''
    Draw horizontal step plot
    Input xx: values
    Input yy: location of bin boundaries, dim(yy)= dim(xx)+1
    Input props: line property
    '''
    nn= yy.shape[0]
    for i in range(nn-1):
        ## Draw vertical lines
        ax.plot([xx[i], xx[i]], [yy[i], yy[i+1]], **props)


    for i in range(1,nn-1,1):
        ## Draw horizontal lines
        ax.plot([xx[i-1], xx[i]], [yy[i], yy[i]], **props)

    ## Horizontal line at one end
    ax.plot([0, xx[0]], [yy[0], yy[0]], **props)
    ## Horizontal line at the other end
    ll= ax.plot([0, xx[-1]], [yy[-1], yy[-1]],
            label=label, **props)
    return ll
```

"plot_horizontal_step()" 함수는 "Axes.step()" 함수의 수평 막대그래프에 해당하는 역할을 합니다. 그 외에도 "read_rmm_text()", "bar_x_locator()", "write_val()" 함수가

사용되었습니다.

e. 명령어 창 출력 예제

```
>> python3 Code_6-1-2_BarH_Plot_py3.py
From 2000.11.01 to 2020.03.31
Total RMM data record= 7091
(7091, 2)
(3025, 2)
0.044230894820788506 4.63218966098177
(8, 7)
./Pics/Code6-1-2_barh+Violin_example.png
```

6-1-3. 2차원 분포도

두 가지 변수의 종합적 분포를 파악할 때 산점도(scatter plot)와 2변량 히스토그램(2-D joint histogram)이 많이 사용됩니다. 산점도의 경우 그림 자체만으로는 수치화된 분포의 정보를 알 수가 없으므로 여기서는 자료의 밀도 근사값을 계산하여 추가합니다. 다음은 프로그램의 진행 순서입니다.

1) RMM Index가 기록된 텍스트 파일을 읽어 들이기
2) PC1과 PC2 모두 양의 값을 가지는 경우만 추려 내어 MJO의 강도(strength) 계산하기
3) 그림에 사용될 함수와 그림 객체를 정의하고 서브플롯 패널(axes) 크기를 지정하기
4) 각각의 서브플롯 패널에 산점도와 2변량 히스토그램 그리기
5) 그림 세부 설정 조정 후 파일로 그림을 저장

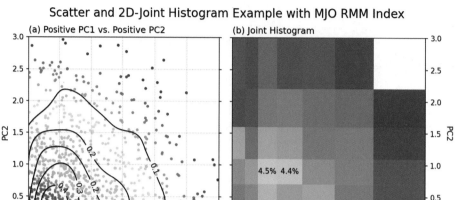

그림 6-3. MJO Index인 PC1과 PC2가 모두 양의 값을 가질 때의 분포를 나타내는
(a) 산점도(Scatter plot)와 확률 밀도 함수(검은선), (b) 2변량 히스토그램(2-D Joint histogram).

a. 텍스트 파일을 읽어 RMM Index를 불러들이고 필요한 자료를 선별하기

```python
### 사용되는 패키지 불러오기
import sys
import os.path
import numpy as np
from datetime import date
import Code_6_common_functions as cf
## <-- From "Code_6_common_functions.py"

def main():
    ### Parameters
    rmm_fname= './Data/rmm.74toRealtime.txt'
    tgt_dates= (date(2000,11,1),date(2020,3,31))

    ### Read RMM data
    mons,pcs,_= cf.read_rmm_text(rmm_fname,tgt_dates)
    print(pcs.shape) ## Check the dimension
```

```
### Filtering only for Nov-Mar
tidx= np.logical_or(mons>=11,mons<=3)
pcs= pcs[tidx,:]
print(pcs.shape) ## Check the dimension after filtering

### Filtering for both PCs positive
idx= np.logical_and(pcs[:,0]>0,pcs[:,1]>0)
pcs= pcs[idx,:]
print(pcs.shape) ## Check the dimension after filtering

### Calculate strength from PCs
strs= np.sqrt((pcs**2).sum(axis=1))
print(strs.min(),strs.max())
##<-- Check the range of strength if any weird value
exists

### Build 2-D joint histogram
## Set non-linear boundaries
bin_bounds= [0.,0.2,0.4,0.7,1.1,1.6,2.2,3.]
## Boundary grid prepared for pcolormesh
X,Y= np.meshgrid(bin_bounds,bin_bounds)
## Produce 2-D joint histogram based on given bin info
H, xedges, yedges = np.histogram2d(pcs[:,0], pcs[:,1],
bins=(bin_bounds,bin_bounds))
## Normalize to percent form. Transpose is necessary.
H=(H/H.sum()*100.).T
## Check dimension and values
print(X.shape, H.shape, H.min(), H.max())

### Prepare data for plotting
outdir= "./Pics/"
fnout= outdir+"Code6-1-3_Scatter+JHist_example.png"
suptit= "Scatter and 2-D Joint Histogram Example with MJO
RMM Index"
pic_data= dict(hist2d_data=(X,Y,H),
               pcs_strs=(pcs,strs),
               suptit=suptit, fnout=fnout,
)
```

```
    plot_main(pic_data)    ## Call the function to plot
    return

if __name__=="__main__":
    main()
```

텍스트 형식의 RMM Index 자료 파일에서 주어진 기간(2000년 11월 1일부터 2015년 3월 31일까지) 동안의 인덱스(Index; PC1 & PC2)와 위상(Phase) 그리고 각 날짜의 월(month)만 저장합니다. 월 정보는 이후 11월에서 3월까지 5개월간의 자료만 뽑아낼 때 이용됩니다. 그리고 이번 예제를 위하여 PC1과 PC2 둘 다 양의 값을 가지는 경우만 골라 냅니다. 이 자료를 가지고 MJO의 강도를 계산하고, 주어진 히스토그램 구간(bin)에 따라 PC1과 PC2의 2변량 히스토그램을 계산합니다. 히스토그램 배열의 값은 전체 빈도 값으로 나눠서 정규화시킵니다. 또한 히스토그램 계급의 경계 값을 이용하여 2차원 격자를 생성합니다. 이 격자는 추후 "Axes.pcolormesh()" 함수를 이용해 그림을 그릴 때 사용됩니다.

형식		
Numpy.histogram2d(x, y, bins=10, range=None, normed=None, weights=None, density=None)		
매개변수	설정하는 특성	옵션
x	히스토그램의 x축에 해당하는 입력 데이터	배열 혹은 배열과 유사한 형식, 크기 N
y	히스토그램의 y축에 해당하는 입력 데이터	배열 혹은 배열과 유사한 형식, 크기 N
bins	히스토그램 계급의 특성	정수, 1차원 배열, [정수, 정수], [1차월 배열, 1차원 배열], 혹은 [정수, 1차원 배열]/[1차원 배열, 정수]
range	계급의 범위 지정	[(x 최소, x 최대), (y 최소, y 최대)] 형태의 (유사) 배열

density	확률 밀도 함수로 값을 변환할지 여부	True or False
normed	density 옵션과 동일	True or False
weights	가중치	(유사) 배열, 크기 N

표 6-6. 2차원 히스토그램을 계산하는 "Numpy.histogram2d()" 함수

형식		
Numpy.meshgrid(*xi, copy=True, sparse=False, indexing='xy')		
매개변수	**설정하는 특성**	**옵션**
x1, x2, ···, xn	각 축의 좌표를 나타내는 1차원 격자 정보	배열 혹은 배열과 유사한 형식
copy	결과물을 메모리에 따로 자리를 확보할지 여부	True or False
sparse	"sparse" coordinate으로 저장할지 여부	True or False
indexing	Meshgrid를 만드는 방법	'xy' (cartesian) or 'ij' (matrix)

표 6-7. 2차원 격자를 생성하는 "Numpy.meshgrid()" 함수. 참고로, ">> X,Y= np.meshgrid(lon,lat)"과 ">> Y,X= np.meshgrid(lat,lon,indexing='ij')"의 결과물은 같음

b. 그림 객체 생성하기

위의 주어진 결과물을 이용하여 산점도(scatter plot)와 2변량 히스토그램(2-D joint histogram)을 그립니다.

```
### 사용되는 패키지 불러오기
import matplotlib.pyplot as plt
import matplotlib as mpl
from matplotlib.ticker import MultipleLocator, AutoMinorLocator

def plot_main(pdata):
    ## 인계된 변수를 사용하기 쉬운 형태로 바꾸고 기본 설정을 합니다
    X,Y,H= pdata['hist2d_data']
```

```
    pcs,strs= pdata['pcs_strs']
    abc,ai= 'abcdefghijklmn',0
    ncol,nrow= 2,1


    ### ---
    fig= plt.figure()
    fig.set_size_inches(8.5,4.2)  ## (xsize,ysize)
    ### Page Title
    fig.suptitle(pdata['suptit'], fontsize=16, y=0.98,
va='bottom') # stretch='semi-condensed'

    ### Parameters for subplot area
    left,right,top,bottom= 0.05, 0.95, 0.90, 0.05
    npnx,gapx,npny,gapy= ncol, 0.03, nrow, 0.1
    lx= (right-left-gapx*(npnx-1))/npnx
    ly= (top-bottom-gapy*(npny-1))/npny
    ix,iy= left, top

    ### -- Panel 1:
    ### -- Scatter plot with density contour
    ax1= fig.add_axes([ix,iy-ly,lx,ly])

    ### Scatter plot properties
    props= dict(edgecolor='none', vmin=0., vmax=3.,
                cmap='jet', alpha=0.8)

    ### Draw Scatter Plot
    pic1= ax1.scatter(pcs[:,0], pcs[:,1], c=strs,
                    s=15, marker='o', **props)
    ## <-- "**" operator: unpack dictionary items

    ### Fine tuning and decorating
    tit= '({}) Positive PC1 vs. Positive PC2'.format(abc[ai])
    ai+=1
    ax1.set_title(tit, x=0., ha='left', fontsize=12,
stretch='semi-condensed')
    xtloc=np.arange(0,3.1,0.5)
    myscatter_common(ax1,xtloc,xtloc,True)
```

```
ax1.set_xlabel('PC1',fontsize=11,labelpad=1)
ax1.set_ylabel('PC2',fontsize=11)

### Draw Colorbar
cb= cf.draw_colorbar(fig,ax1,pic1,type='horizontal',
                     size='panel',extend='max',gap=0.14,
                     width=0.03, tick_labelsize=10,
)
cb.ax.set_xlabel('MJO Strength', fontsize=11)

### Add gaussian density estimation over the scatter plot
from scipy.stats import gaussian_kde
## Define an object to estimate density
k= gaussian_kde([pcs[:,0], pcs[:,1]])
## New Grid to show density contour
xi,yi= np.mgrid[pcs[:,0].min():pcs[:,0].max():160j,
                pcs[:,1].min():pcs[:,1].max():160j ]
## Calculate Density values for each grid point
zi= k(np.vstack([xi.flatten(),yi.flatten()]))
### Draw contour plot and insert contour label
cs= ax1.contour(xi, yi, zi.reshape(xi.shape),
                levels=5, colors='k', linewidths=1.3)
ax1.clabel(cs, inline=True, fontsize=10, fmt='%.1f')
# print(cs.levels)

ix= ix+lx+gapx

### -- Panel2:
### -- 2-D joint histogram plot
ax2= fig.add_axes([ix,iy-ly,lx,ly])

### Parameters for this panel
newmax= 5 ## Set max % value, slightly larger than H.max()
## Select 50 representatives from colormap 'viridis'
cm= mpl.colormaps['viridis'].resampled(50)
cmnew= cm(np.arange(50))
## Add white at the start
cmnew= np.concatenate(
```

```python
                 (np.array([1,1,1,1]).reshape([1,-1]),cmnew[1:,:])
    )
    ## Define new colormap
    newcm = cls.LinearSegmentedColormap.from_list("newcm",
cmnew)
    ## Properties for pcolormesh()
    props = dict(edgecolor='none', alpha=0.8, vmin=0.,
                 vmax=newmax, cmap=newcm)

    ### Draw 2-D joint histogram
    pic2= ax2.pcolormesh(X, Y, H, **props)

    ### Fine tuning and decorating
    subtit= '({}) Joint Histogram'.format(abc[ai]); ai+=1
    ax2.set_title(subtit, x=0., ha='left', fontsize=12,
                  stretch='semi-condensed')
    ax2.yaxis.tick_right()
    ax2.yaxis.set_label_position("right")
    ax2.set_xlabel('PC1', fontsize=11, labelpad=1)
    ax2.set_ylabel('PC2', fontsize=11, rotation=270,
                   va='bottom')
    ax2.yaxis.set_ticks_position('both')

    ### Add number to show notable values
    for j in range(H.shape[0]):
        ## Center location of histogram bins
        x_center= (X[j,1:]+X[j,:-1])/2.
        y_center= (Y[j+1,:-1]+Y[j,:-1])/2.
        ## Write the value
        cf.write_val(ax2, values=H[j,:], xlocs=x_center,
              ylocs=y_center, crt=3.95, dformat='{:.1f}%')

    ### Draw Colorbar
    cb= cf.draw_colorbar(fig,ax2,pic2,type='horizontal',
                    size='panel',extend='max',gap=0.14,
                    width=0.03, tick_labelsize=10,
    )
    cb.ax.set_xlabel('Population Fraction (%)',fontsize=11)
```

```
### --- Save or Show
plt.savefig(pdata['fnout'],bbox_inches='tight',dpi=150)
print(pdata['fnout'])
# plt.show()
return
```

그림을 그릴 페이지를 정의하고 그 페이지 안에 subplot이 몇 개가 어떻게 들어갈지 정의합니다. 여기서는 1행(row) 2열(column)로 정의되었습니다. 페이지의 전체 제목을 작성하고 첫 번째로 산점도(scatter plot)를 그립니다. 유의할 점은 산점도(scatter plot)의 색(color; 매개변수 'c'에 해당)에 색 정보가 아니라 MJO 강도를 의미하는 배열이 들어간다는 점입니다. 이 배열의 숫자들은 상단의 "props"에 정의된 "vmin"과 "vmax" 값에 의해 정규화되고, 불러오는 색지도(colormap)에 해당하는 색으로 변환됩니다 (Colormap의 다양한 정규화 방식은 여기를 참조하기 바랍니다. https://matplotlib.org/stable/tutorials/colors/colormapnorms.html). 만약 'c'에 하나의 색 이름이 주어진다면, 산점도는 주어진 색 하나로만 표시됩니다.

2차원 평면상의 밀도는 Scipy.stats에서 불러온 가우시안 커널(gaussian_kde)에 의해 계산되었습니다. 입력 자료를 이용해 gaussian_kde의 객체를 정의하고, 임의의 격자를 제공하여 그 격자에 해당하는 밀도 근사값을 계산합니다. 여기서는 산점도(scatter plot)에 겹쳐 그리기 위해 밀도 근사값이 등고선 그림으로 표현되었습니다.

형식		
class scipy.stats.gaussian_kde(dataset, bw_method=None, weights=None)		
매개변수	매개변수	매개변수
dataset	dataset	dataset
bw_method	bw_method	bw_method
weights	weights	weights

표 6-8. 2차원 밀도 근사값을 계산하는 "Scipy.stats.gaussian_kde()" 클래스

다음으로 오른쪽 패널에는 2변량 히스토그램(2D Joint Histogram)을 그립니다. 히스토그램을 계산할 때 같이 만들었던 격자를 이용하여 "Axes.pcolormesh()"로 그리면 히스토그램 계급 크기에 비례하는 격자의 그림이 그려집니다. 만약 비선형 격자이지만 히스토그램은 선형으로(계급 간 등간격으로) 그리고 싶으면 "Axes.imshow()"를 이용하여 그리고, x와 y축의 눈금 이름표(label)를 수동으로 입력해야 합니다. 위와 같이 우측에 위치하는 그림의 경우 y축 눈금값(tick_label)과 이름표를 우측으로 이동시킬 수 있습니다. 만약 y축 눈금을 좌우 양쪽에 모두 표시하고 싶다면 반드시 "ax.yaxis. tick_right()"를 먼저 실행시켜 눈금과 눈금값을 우측으로 이동시킨 후에 "ax.yaxis.set_ticks_position('both')"를 실행시켜 눈금의 위치를 덮어써야 합니다.

c. 이 프로그램을 위해 정의된 함수(들)

```
### 산점도 그림을 그린 후 꾸며 주는 명령어들을 모아 놓은 함수
def myscatter_common(ax, xtloc, ytloc, ylidx=True):
    """
    Decorating scatter plot
    Input xtloc, ytloc: major tick location for x and y axis,
    respectively.
    - tick location values are also used for tick label
    - xlim and ylim are also determined by xtloc and ytloc
    Input ylidx: if False, remove y-tick label.
    """
    ax.set_xticks(xtloc)
    ax.set_yticks(ytloc)
    ## Set x and y ranges together
    ax.axis([xtloc[0], xtloc[-1], ytloc[0], ytloc[-1]])
    ax.tick_params(axis='both', which='major', labelsize=10)
    ## Draw y-axis ticks on both sides
    ax.yaxis.set_ticks_position('both')
    ## Decide to omit y-axis tick labels or not
    if not ylidx:
        ax.set_yticklabels('')
    return
```

d. "Code_6_common_functions.py"에 정의된 함수(들)

```python
### 컬러바를 그리는 함수
def draw_colorbar(fig, ax, pic1, type='vertical',
                  size='panel', gap=0.06, width=0.02,
                  extend='neither', tick_labelsize=10):
    '''
    Draw colorbar
    Type: 'horizontal' or 'vertical'
    Size: 'page' or 'panel'
    Gap: gap between panel(ax) and colorbar, ratio to total
page size
    Width: how thick the colorbar is, ratio to total page size
    Extend: End style of color bar, 'both', 'min', 'max',
'neither'
    Tick_labelsize: Font size of tick label
    '''
    pos1= ax.get_position().bounds ## Get bound info of ax
    ## Bound Info: (left, bottom, width, height)
    if type.lower()=='vertical' and size.lower()=='page':
        cb_ax= fig.add_axes([pos1[0]+pos1[2]+gap, 0.1,
                             width, 0.8])
    elif type.lower()=='vertical' and size.lower()=='panel':
        cb_ax= fig.add_axes([pos1[0]+pos1[2]+gap, pos1[1],
                             width, pos1[3]])
    elif type.lower()=='horizontal' and size.lower()=='page':
        cb_ax= fig.add_axes([0.1,pos1[1]-gap,0.8,width])
    elif type.lower()=='horizontal' and         size.
lower()=='panel':
        cb_ax= fig.add_axes([pos1[0],pos1[1]-gap,
                             pos1[2],width])
    else:
        print('Error: Options are incorrect:',type,size)
        return

    cbar= fig.colorbar(pic1, cax=cb_ax, extend=extend,
                       orientation=type)
    cbar.ax.tick_params(labelsize=tick_labelsize)
    return cbar
```

"draw_colorbar()" 함수는 Colorbar의 위치와 형태를 조정하여 그려 주는 역할을 합니다. 그 외에도 앞에 소개된 "read_rmm_text()", "write_val()" 함수가 사용되었습니다.

e. 명령어 창 출력 예제

```
>> python3 Code_6-1-3_Scatter+2D_JHist_Plot_py3.py
From 2000.11.01 to 2020.03.31
Total RMM data record= 7091
(7091, 2)
(3025, 2)
(903, 2)
0.08990186907398186 3.9271465963885923
(8, 8) (7, 7) 0.0 4.47427293064877
./Pics/Code6-1-3_Scatter+JHist_example.png
```

6-2. Numpy를 이용한 Filtering과 Interpolation

배열(Array 혹은 Matrix) 기반의 Numpy를 효율적으로 이용하는 프로그램의 구성은 반복문(loop)을 기반으로 개개의 값에 접근하여 계산하는 C/Fortran 방식의 프로그램과는 차이가 큽니다. 더하여 Numpy/Scipy에서 기본으로 제공하는 다양한 함수들을 이용하면 간단한 프로그램으로 효율적인 계산이 가능합니다. 이번 절에서는 간단한 알고리즘의 Time Filtering과 Grid Interpolation이 Numpy/Scipy에서 어떻게 구현되는지 알아보겠습니다.

6-2-1. Filtering Time Series

시계열의 필터링은 과학/공학 연구의 중요한 방법론 중 하나입니다. 여기서는 이동평균과 Lanczos 필터를 구현하는 간단한 예를 살펴보겠습니다. 다음은 프로그램의 진행 순서입니다.

1) 예제에 쓰일 시계열 관련 함수들 정의하기 (그리고 테스트하기)
2) RMM Index가 기록된 텍스트 파일을 읽어 일정 기간 동안의 변수 모으기
3) 그림에 사용될 함수와 그림 객체를 정의하고 서브플롯 패널(axes) 크기를 지정
   하기
4) 왼쪽 열에는 시계열과 이동평균 그리기
5) 오른쪽 열에는 시계열 일부를 손실시킨 후 Lanczos 필터 적용한 결과 그리기
6) 그림 세부 설정 조정 후 파일로 그림을 저장

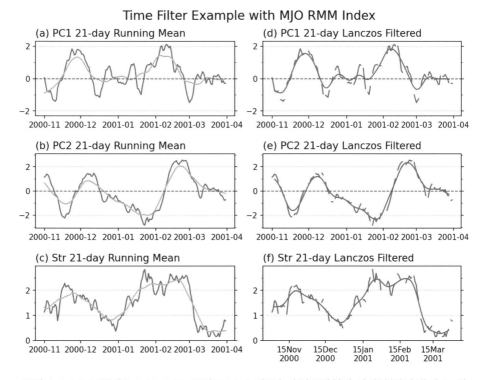

그림 6-4. MJO 인덱스 PC1, PC2, 그리고 MJO 강도(str)의 5개월간 시계열(검정선)과 21일
이동평균(주황선: 좌측 열) 및 21일 low-pass Lanczos 필터가 적용된 모습(파랑선: 우측 열).

a. 시계열 필터링 관련된 함수들(In "Code_6_common_functions.py")

```python
### 사용되는 패키지 불러오기
import sys
import os.path
import numpy as np
from datetime import date

### 1차원 벡터의 이동평균을 계산하는 함수
def running_mean_1d(x,N):
    """
    Calculate running mean with "Cumulative Sum" function,
asuming no missings.
    Ref: https://stackoverflow.com/questions/13728392/moving-
average-or-running-mean
    Input x: 1-d numpy array of time series
    Input N: Running Mean period
    Return: Same dimension with x; end points are averaged
for less than N values
    """
    cumsum= np.cumsum(np.insert(x, 0, 0))
    new_x= (cumsum[N:] - cumsum[:-N]) / float(N)
    ## Now it's running mean of [dim(x)-N] size
    ## Need padding before and after to make the size same.
    ## For example, if N=5: pd0=2, pd1=2
    ## Padding values are from the mean of available data,
    ## i.e. tailing.
    pd0= N//2; pd1= N-1-pd0
    head=[]; tail=[]
    for i in range(pd0):
        head.append(x[:i+N-pd0].mean())
        tail.append(x[-i-1-pd1:].mean())
    new_x =np.concatenate(
       (np.asarray(head),new_x,np.asarray(tail)[::-1][:pd1])
    )
    return new_x

### 2차원 배열의 이동평균을 계산하는 함수
```

```
def running_mean_2d(arr,N):
    """

    Calculate running mean with "Cumulative Sum" function,
    asuming no missings, and it's dedicated to calcuate
    a set of time series (2-D) together.
    Ref: https://stackoverflow.com/questions/13728392/moving-
average-or-running-mean
    Input arr: 2-d numpy array of time series, [variables,
time_series]
    Input N: Running Mean period
    Return: Same dimension with arr; end points are averaged
for less than N values (i.e., tailing)
    """
    if len(arr.shape)!=2:
        print("Input variable should be in the form of
[variables, time_series].")
        print("Current input data shape = ", arr.shape)
        sys.exit()
    cumsum = np.cumsum(np.pad(arr,((0,0),(1,0)),'constant',
                    constant_values= 0),axis=1)
    new_arr= (cumsum[:,N:] - cumsum[:,:-N]) / float(N)
    ## Padding before and after with "tailing"
    ## Ex, if N=5: pd0=2, pd1=2
    pd0= N//2; pd1= N-1-pd0
    head=[]; tail=[]
    for i in range(pd0):
        head.append(arr[:,:i+N-pd0].mean(axis=1))
        tail.append(arr[:,-i-1-pd1:].mean(axis=1))
    head, tail= np.asarray(head).T, np.asarray(tail).T
    new_arr= np.concatenate(
                (head,new_arr,tail[:,::-1][:,:pd1]),axis=1)
    return new_arr


### Missing이 있는 경우에도 적용시킬 수 있고 weighted average도 계산할 수
있는 일반화된 이동평균 함수
def running_mean_2d_general(arr, N, undef=-999., crt=0.5,
wt=[]):
    """
```

```
    Calculate running mean, a set of time series together.
    It can deal with time series having missings.
    Input arr: 2-d numpy array of time series, [variables,
time_series]
    Input N: Running Mean period
    Input undef: lower values than undef will be masked out.
    Input crt: cut-off criterion. If valid ratio < crt: set
undef.
    Input wt: Weights for running mean. Ex) 1-2-1 filter:
wt=[1,2,1]. If empty, wt=1 (equal weight).
    Return: Same dimension with arr; undef value represents
missing
    ----
    Rev.1: Now it can deal with undef of np.nan
    """
    if len(arr.shape)!=2:
        print("Input variable should be in the form of
[variables, time_series].")
        print("Current input data shape = ", arr.shape)
        sys.exit()

    if len(wt)==0:
        wt= np.ones([N,],dtype=float)
    else:
        if len(wt)!= N:
            print("Length of wt should be 0 or N.")
            print("Len(wt), N= {}, {}".format(len(wt),N))
            sys.exit()
        else:
            wt= np.asarray(wt)

    ## Padding before and after with "tailing"
    ## Ex, if N=5: pd0=2, pd1=2
    pd0= N//2; pd1= N-1-pd0
    arr_padded= np.pad(arr, ((0,0),(pd0,pd1)),
                  mode='constant', constant_values=undef)

    if np.isnan(undef):  ## In the case of undef==NaN
```

```
        miss_idx= np.isnan(arr_padded)
        arr_padded[miss_idx]=0.
        no_miss_idx= np.logical_not(miss_idx)
    else:
        ## "undef" is supposed to negative value
        no_miss_idx= arr_padded>undef

    ## Track weights, Same dim as arr
    wt_arr= np.zeros_like(arr, dtype=float)
    ## Work space
    work_arr= np.zeros_like(arr, dtype=float)
    ## Count non-missing values
    count_arr= np.zeros_like(arr, dtype=int)

    ### Sum for N period
    nt= arr.shape[1]
    for ishift in range(-pd0,pd1+1,1):
        it0, it1= pd0+ishift, nt+pd0+ishift
        work_arr+= arr_padded[:,it0:it1]* no_miss_
idx[:,it0:it1]* wt[ishift+pd0]
        wt_arr+= no_miss_idx[:,it0:it1]*wt[ishift+pd0]
        count_arr+= no_miss_idx[:,it0:it1]

    ### Decide missings and average them
    miss_idx= count_arr<crt*N
    work_arr[miss_idx]= undef
    work_arr[~miss_idx]/= wt_arr[~miss_idx]
    return work_arr

### Lanczos 필터의 계수를 계산하는 함수
def get_lanczos_lp_weights(N):
    '''
    N= low-pass cut-off, unit= number of data points
    co= decide how many data to be used to apply time filter
        (sugeested as 0.66 or 1.09, which makes sum of weights
close to 1.0)
    Return: 1-d numpy array
    '''
```

```
    co= 0.66   #1.09
    fc1= 1/N
    nn= int(N*co)+1
    n1= np.arange(-nn,nn+1,1)
    wgt= (np.sinc(2*fc1*n1)*2*fc1)*np.sinc(n1/nn)
    print("Length of weight coefficients, and wgt_sum= {}, {}".
format(2*nn+1,wgt.sum()))
    return wgt
```

"running_mean_1d()" 함수는 주어진 1차원 배열(=벡터)에 대하여 주기 N만큼의 이동평균을 계산합니다. 이 함수에서는 "Numpy.cumsum()"이라는 함수를 이용하여 이동평균을 효과적으로 계산하고 있습니다. "running_mean_2d()" 함수는 "running_mean_1d()" 함수의 2차원 배열 버전입니다. Numpy의 경우 2차원 배열에 이동평균을 적용할 때, "running_mean_1d()" 함수를 필요한 만큼 반복해서 사용하는 것보다 "running_mean_2d()" 함수에서 하듯이 2차원 배열을 통째로 계산(vectorizing)하는 게 더 효과적입니다. "running_mean_2d_general()" 함수는 "running_mean_2d()" 함수보다 느리지만, 1) 결손 자료의 처리, 그리고 2) 가중치 평균 기능이 추가된 일반화된 버전입니다. 마지막으로 "get_lanczos_lp_weights()" 함수는 Lanczos 필터링에 쓰일 계수를 생성하는 역할을 합니다. 함수 이름에서 "lp"는 "low-pass," 즉 주어진 주기보다 긴 신호만 얻는다는 뜻입니다. (참고로, 단주기 자료는 원 자료에서 장주기 결과를 빼서 얻을 수 있습니다.)

형식		
Numpy.cumsum(a, axis=None, dtype=None, out=None)		
매개변수	설정하는 특성	옵션
a	입력 데이터	배열 혹은 배열과 유사한 형식
axis	계산될 자료의 축	기본은 None
dtype	결과물의 데이터 형식	기본은 입력 데이터의 데이터 형식을 따른다

| out | 계산 결과물 | 계산 결과물을 따로 저장할 필요가 있을 때 사용 |

표 6-9. 누적 합을 계산하는 "Numpy.cumsum()" 함수

다음은 위의 함수들을 간단히 시험해 보는 코드입니다.

```python
### 사용되는 패키지 불러오기
import numpy as np
import Code_6_common_functions as cf
## <-- From "Code_6_common_functions.py"

def main_test():
    ### -------------------------
    ### Test with simple example
    ### -------------------------
    a= (np.arange(6)- 2).reshape([2,3]
    a= a.swapaxes(0,1).reshape(-1)
    print("Input =\n",a)
    N=3
    print("Method1 =\n", cf.running_mean_1d(a,N))
    print("Method2 =\n",
            cf.running_mean_2d(a.reshape([1,-1]),N).squeeze())
    print("Method3 =\n",
            cf.running_mean_2d_general(
            a.reshape([1,-1]),N).squeeze())


    wt=[1,2,1]
    print("Method3 with weight {} =\n".format(wt),
            cf.running_mean_2d_general(
            a.reshape([1,-1]),N,wt=wt)[0,:])
    print("\n")
    return

if __name__=="__main__":
    main_test()
```

실행시키면 다음과 같은 결과를 얻습니다.

```
Input =
 [-2  1 -1  2  0  3]
Method1 =
 [-0.5      -0.66666667 0.66666667 0.33333333 1.66666667 1.5      ]
Method2 =
 [-0.5      -0.66666667 0.66666667 0.33333333 1.66666667 1.5      ]
Method3 =
 [-0.5      -0.66666667 0.66666667 0.33333333 1.66666667 1.5      ]
Method3 with weight [1, 2, 1] =
 [-1.  -0.25 0.25 0.75 1.25 2. ]
```

형식		
Numpy.swapaxes(a, axis1,axis2)		
매개변수	설정하는 특성	옵션
a	입력 데이터	배열
axis1	대상 축 1번	정수
axis2	대상 축 2번	정수

표 6-10. 배열의 두 축을 서로 바꾸는"Numpy.swapaxes()" 함수

형식		
Numpy.squeeze(a, axis=None)		
매개변수	설정하는 특성	옵션
a	입력 데이터	배열
axis	대상 축	None, Int., or Tuple of Ints.

표 6-11. 길이가 1인 축을 없애 주는 "Numpy.squeeze()" 함수

b. RMM Index 데이타를 불러들여 시계열을 구성하고 필터링하기

```python
### 사용되는 패키지 불러오기
import sys
import os.path
import numpy as np
from datetime import date
import Code_6_common_functions as cf
## <-- From "Code_6_common_functions.py"

def main():
    ### Parameters
    rmm_fname= './Data/rmm.74toRealtime.txt'
    tgt_dates= (date(2000,11,1),date(2001,3,31)) ## 5-month
    N= 21  ## Period for running mean (days)

    ### Read RMM data
    _,pcs,phs= cf.read_rmm_text(rmm_fname,tgt_dates)
    print(pcs.shape) ## Check the dimension

    ### Calculate strength from PCs
    strs= np.sqrt((pcs**2).sum(axis=1))
    print(strs.min(),strs.max()) ## Check the range of strength

    ### PC1, PC2, and Strength time-series together
    data= np.concatenate((pcs,strs.reshape([-1,1])),axis=1)
    ## Now shape= [days, 3 vars]
    data= data.T  ## Now shape=[3 vars, days]
    print(data.shape)

    ### Running Mean
    rm_data= cf.running_mean_2d(data,N)

    ### In order to test running mean with time-series
    ### having missings, artificially adding missings at
    ### random locations
    idx= np.arange(data.shape[1])
```

```python
    ## Set seed to obtain the same result every time.
    RS= np.random.RandomState(seed=1234)
    RS.shuffle(idx)   ## Shuffle in-place
    data_ms= np.copy(data)
    data_ms[:,idx[:30]]=-999.9
    ##<-- Values at random locations are replaced by -999.9

    ### Lanczos Filter
    lz_wgt= cf.get_lanczos_lp_weights(N)
    lz_data= cf.running_mean_2d_general(data_ms,
                    len(lz_wgt), undef=-999.9, wt=lz_wgt)

    ### The results are changed to "masked array"
    ### to display properly
    data_ms= np.ma.masked_less(data_ms,-999.)
    lz_data= np.ma.masked_less(lz_data,-999.)

    ### Produce a list of time info
    times= list(cf.yield_date_range(*tgt_dates))

    ### Prepare data for plotting
    outdir= "./Pics/"
    fnout= outdir+"Code6-2-1_Time_Filter_example.png"
    suptit= "Time Filter Example with MJO RMM Index"
    var_names= ['PC1','PC2','Str']
    data_set= [
     ('{}-day Running Mean'.format(N),data,rm_data),
     ('{}-day Lanczos Filtered'.format(N),data_ms,lz_data),
     ]
    pic_data= dict(data_set=data_set, xt= times,
                var_names= var_names,
                suptit=suptit, fnout=fnout,
    )
    plot_main(pic_data)
    return

if __name__=="__main__":
    main()
```

RMM Index 자료는 2000년 11월 1일부터 2001년 3월 31일까지 읽은 후 PC1과 PC2를 이용해 MJO 강도를 계산하고, 그래서 얻어진 모두 3가지의 시계열 자료를 2차원 배열로 만들어서 "running_mean_2d()" 함수를 이용하여 21일 이동평균을 계산합니다.

뒷부분은 일부 손실된 시계열 자료에 이동평균을 적용하는 예제입니다. Numpy의 Random 모듈을 이용하여 전체 기간 5개월 중 임의의 30일 자료값을 -999.9(손실 부분을 의미)로 치환합니다. 이번에는 Lanczos 필터를 이용해 보기 위해 Lanczos 계수를 불러온 후 "running_mean_2d_general()" 함수에 적용시킵니다. 이번에도 같은 21일 low-pass filter를 적용하지만, Lanczos의 계수는 21개보다 많으므로 매개변수에 N=21이 아닌 Lanczos 계수의 실제 개수를 입력해야 합니다. 마지막으로 손실된 시계열 자료를 적절히 그림으로 표현하기 위해 손실된 원본 자료와 필터링된 결과물을 모두 Masked Array로 바꿔 줍니다.

c. 그림 객체 생성하기
앞에서 계산한 이동평균과 Lanczos 필터링의 결과물을 확인하기 위하여 3가지 변수 (PC1, PC2, MJO 강도[strs]) 각각의 시계열을 그립니다.

```
### 사용되는 패키지 불러오기
import matplotlib.pyplot as plt
from matplotlib.ticker import AutoMinorLocator
from matplotlib.dates import DateFormatter, MonthLocator


def plot_main(pdata):
    ## 인계된 변수를 사용하기 쉬운 형태로 바꾸고 기본 설정을 합니다
    Data_set= pdata['data_set']
    xt= pdata['xt']
    var_names= pdata['var_names']
    abc, ai= 'abcdefghijklmn', 0
    ncol, nrow= len(data_set), len(var_names)
```

```
### ---
fig= plt.figure()
fig.set_size_inches(8.5,6)  ## (xsize, ysize)
### Page Title
fig.suptitle(pdata['suptit'], fontsize=16, y=0.975,
             va='bottom') # stretch='semi-condensed'


### Parameters for subplot area
left,right,top,bottom= 0.05, 0.95, 0.925, 0.05
npnx,gapx,npny,gapy= ncol, 0.06, nrow, 0.11
lx= (right-left-gapx*(npnx-1))/npnx
ly= (top-bottom-gapy*(npny-1))/npny
ix,iy= left, top


### ---
cc= ['orange', 'RoyalBlue']
for i, (tit, data1, data2) in enumerate(data_set):
    for k, vn in enumerate(var_names):
        ## Each panel for one time-series
        ax1=fig.add_axes([ix, iy-ly, lx, ly])

        ## Original time-series
        ax1.plot(xt, data1[k,:], c= '0.4')
        ## After running mean
        ax1.plot(xt, data2[k,:], c= cc[i])

        subtit='({}) {} {}'.format(abc[ai],vn,tit)
        ai+=1
        plot_common(ax1,subtit)
        iy=iy-ly-gapy
    iy= top; ix+= lx+gapx

### As an example to change time format...
## Select only if day==15
xt_loc= [dd for dd in xt if dd.day==15]
ax1.set_xticks(xt_loc)
## Above two lines can also be done by "MonthLocator()"
ax1.xaxis.set_major_locator(
```

```
                              MonthLocator(bymonthday=15))
## Set new time format
ax1.xaxis.set_major_formatter(
                        DateFormatter("%d%b\n%Y"))

### --- Save or Show
plt.savefig(pdata['fnout'],bbox_inches='tight',dpi=150)
print(pdata['fnout'])
# plt.show()
Return
```

그림을 그릴 페이지를 정의하고 그 페이지 안에 subplot이 몇 개가 어떻게 들어갈지 정의합니다. 여기서는 2행(row) 3열(column)로 정의되었습니다. 페이지의 전체 제목을 작성하고 각 패널(axes) 안에서 "Axes.plot()" 함수를 각각 다른 색으로 2번 실행하여 원본 자료와 이동평균/Lanczos 필터된 자료를 겹쳐 그렸습니다. 같은 "Axes.plot()" 함수라도 x 값으로 "Datetime" 객체가 입력되면 x축 눈금이 자동으로 시간 형식으로 표시됩니다. 우측 그림의 마지막 패널에서는 "Matplotlib.dates" 패키지를 이용하여 축 눈금의 시간 표시 형식을 바꾸었습니다. 다양한 시간 표시 형식은 https://docs.python.org/3/library/datetime.html#strftime-strptime-behavior에서 확인할 수 있습니다.

d. 이 프로그램을 위해 정의된 함수(들)

```
### 시계열 그림을 공통적으로 꾸며 주는 명령어들을 모아 놓은 함수
def plot_common(ax,subtit):
    """
    Decorating time-series plot
    """
    ### Title
    ax.set_title(subtit, fontsize=13, ha='left', x=0.0)

    ### Ticks and Grid
    ax.yaxis.set_minor_locator(AutoMinorLocator(2))
```

```
    ymin,ymax= ax.get_ylim()
    ## if y_range include 0, draw a horizontal line
    if ymin*ymax<0:
        ym=max(-ymin,ymax)
        ax.set_ylim(-ym,ym)
        ax.axhline(y=0.,ls='--',c='0.3',lw=1)
    else:
        ax.set_ylim(0,ymax)

    ax.grid(axis='y',color='0.7',linestyle=':',linewidth=1)
    ax.yaxis.set_ticks_position('both')
    ax.tick_params(axis='both',which='major',labelsize=10)
    return
```

e. "Code_6_common_functions.py"에 정의된 함수(들)

```
### 주어진 기간 사이의 시간 정보를 datetime 객체로 송출하는 함수
def yield_date_range(start_date, end_date, tdelta=1, include_
end_date=True):
    """
    Yield datetime object for given period
    Start_date, end_date: Period info (datetime object)
    tdelta: Time interval
    include_end_date: True/False
    """
    dt=1 if include_end_date else 0
    for n in range(0, int((end_date - start_date).days)+dt,
tdelta):
        yield start_date + timedelta(n)
```

6-2-1의 a에 소개된 함수들 외에 "read_rmm_text()" 함수와 "yield_date_range()" 함수가 사용되었습니다. "yield_date_range()" 함수는 주어진 기간/시간 간격에 따라 해당하는 모든 시간 정보를 datetime 객체의 형태로 순서대로 만들어 줍니다. "for dd in yield_date_range(*arg):"의 형태로 주어진 시간 순서대로 Loop를 구성하는 데 편리합니다.

f. 명령어 창 출력 예제

```
>> python3 Code_6-2-1_Time_Filtering_py3.py
From 2000.11.01 to 2001.03.31
Total RMM data record= 151
(151, 2)
0.15746647334273237 2.8272075642644086
(3, 151)
Length of weight coefficients, and wgt_sum= 29, 1.0023337631641698
./Pics/Code6-2-1_Time_Filter_example.png
```

6-2-2. Grid Interpolation

많은 자료를 다루다 보면 서로 다른 격자를 통일하기 위해 Grid Interpolation이 필요할 때가 있습니다. 여기에서는 Grid Interpolation을 행하는 간단한 방법부터 외부 라이브러리를 불러오는 방법까지 몇 가지 경우에 대하여 자료가 완전한 상태 그리고 일부가 손실된 상태로 나누어 처리해 보겠습니다. 예제에 사용될 자료는 Integrated Multi-Satellite Retrievals for Global Precipitation Measurement(IMERG; Huffman and coauthors, 2018)[2] Level-3 강수자료(Research/Final run)[3]이며, 원본 HDF5 파일은 편의상 미리 바이너리 파일로 변환되었습니다.[4] 다음은 프로그램의 진행 순서입니다.

```
1) 바이너리 형식의 강수자료를 읽어 들이고 원하는 지역으로 잘라 내기
2) 무손실 원본자료에 대하여 다양한 Interpolation 적용하기(그림 좌측 열)
3) 원본자료의 일부를 임의로 손실시키고 여기에 Interpolation 적용하기(그림 우측 열)
4) 그림 객체를 정의하고 서브플롯 패널(axes) 크기를 지정하기
5) 각각의 서브플롯 패널에 결과물 그리기
6) 그림 세부 설정 조정 후 파일로 그림을 저장
```

---

[2] Huffman, G. J., & Coauthors. (2018). GPM Integrated Multi-Satellite Retrievals for GPM (IMERG) Algorithm Theoretical Basis Document (ATBD) v5.2. NASA. Retrieved from https://gpm.nasa.gov/sites/default/files/document_files/IMERG_ATBD_V06.pdf

[3] http://dx.doi.org/10.5067/GPM/IMERG/3B-HH/05. 더하여 자료를 받을 수 있는 곳은 https://gpm.nasa.gov/data-access/downloads/gpm입니다.

[4] Code_6-2-2supp_IMERG_Lv3_HDF2bin_py3.py

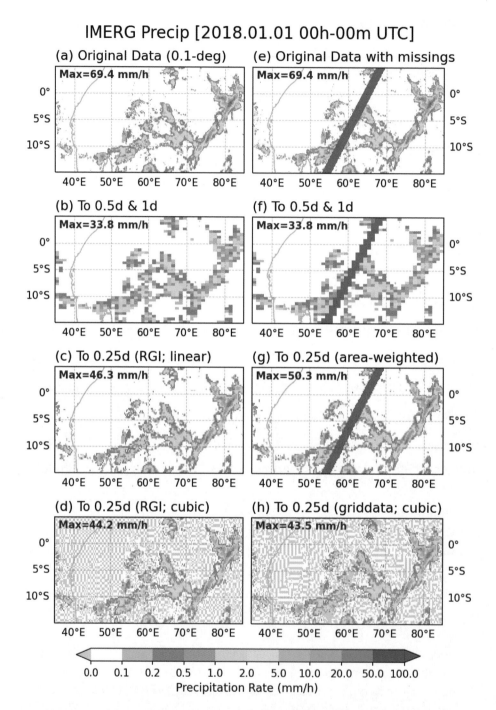

IMERG Precip [2018.01.01 00h-00m UTC]

그림 6-5. 0.1도 해상도의 원본 강수 자료(IMERG V06B)에 다양한 Grid Interpolation을 적용한 모습. 빨간색 픽셀은 자료가 손실된 부분을 뜻하며, 회색은 음수 값을 나타냄.

a. Grid Interpolation 관련된 함수들(In "Code_6_common_functions.py")

```python
### 사용되는 패키지 불러오기
import sys
import numpy as np

### 작은 격자를 간단히 평균하여 큰 격자로 바꾸는 함수
def interp2d_fine2coarse_simple(arr, x_scaler=2, y_scaler=2,
include_missing=False, undef=-999., crt=0.5):
    """
    Interpolation: Simple Case
    - Fine to Coarse grid
    -- Should be multiple of fine grid size
    - In the case of missing existing,
    -- if ratio of valid grids is less than crt,
    -- then it will be set as missing.

    - Input arr: Multi-dimensional numpy array (at least 2D),
                  and last two axes=  [y,x]
    - Output: numpy array if no missings or masked array with
missings
    """
    arr_shape0= arr.shape
    if len(arr_shape0)<2:
        print("Error: Need at least 2-D array as an input")
        print("Current array shape= ",arr_shape0)
    else:
        ### Make the input array 3-D
        ny,nx= arr_shape0[-2:]
        if len(arr_shape0)>3:
            arr= arr.reshape([-1,ny,nx])
        elif len(arr_shape0)==2:
            arr= arr.reshape([1,ny,nx])
        nz= arr.shape[0]

    if ny%y_scaler!=0 or nx%x_scaler!=0:
        print("Coarse grid size is not a multiple of fine grid
size", ny, y_scaler, nx, x_scaler)
```

```
        sys.exit()
    else:
        ny2,nx2= ny//y_scaler, nx//x_scaler

    if include_missing:
        new_arr= arr.reshape(
                        [nz,ny2,y_scaler,nx2,x_scaler])
        new_arr= new_arr.swapaxes(2,3).reshape(
                                    [nz,ny2,nx2,-1])
        ## Transform to masked array
        if np.isnan(undef):  ## In the case of undef==NaN
            new_arr= np.ma.masked_invalid(new_arr)
        else:  ## Assume undef<0
            new_arr= np.ma.masked_less_equal(new_arr,undef)
        new_arr, wsum= np.ma.average(new_arr, axis=3,
                                    returned=True)
        ## Mask out if missings are dominant
        ms_idx= wsum < crt*x_scaler*y_scaler
        new_arr.mask= ms_idx
    else:
        new_arr= arr.reshape([nz,ny2,y_scaler,nx2,x_scaler]
                    ).mean(axis=(2,4))

    ### Restore array's dimension
    if len(arr_shape0)==2:
        new_arr= new_arr.squeeze()
    elif len(arr_shape0)>3:
        new_arr= new_arr.reshape(
                        [*arr_shape0[:-2],ny2,nx2])
    return new_arr
```

"interp2d_fine2coarse_simple()" 함수는 작은 격자의 자료를 큰 크기의 격자로 변환할 때 이용하는 함수입니다. 이 함수는 Numpy 배열이 저장되는 방식을 이용하여 축을 늘리고 바꾸는 방법으로 작동하기 때문에 큰 격자의 크기가 작은 격자 크기의 정수 배수일 때만 사용할 수 있습니다. 만약 입력 자료의 일부가 손실되었을 때에는 "include_ missing=True"로 설정하여 사용가능 합니다. 큰 격자로 변환하였을 때, 원본의 손실된 자료의 비율을 따져서 손실 안 된 자료의 비율이 일정 비율("crt") 미만이면 큰 격자 자체를 손실된 걸로 처리합니다. 이 외에도 Scipy에 정의된 "RegularGridInterpolator()" 클래스와 "griddata()" 클래스, 그리고 직접 만든 "area_weighted_intpl()" 클래스가 사용되었습니다. "area_weighted_intpl()" 클래스는 "Code_6_common_functions.py"에 포함되어 있습니다.

형식		
class Scipy.interpolate.RegularGridInterpolator(points, values, method='linear', bound_error=True, fil_value=nan)		
매개변수	설정하는 특성	옵션
points	정규 격자 정보	실수 Numpy 배열의 튜플 (형태: (m1,), (m2,), …, (mn,))
values	정규 격자에 정의된 값	(유사) 배열 형태 (형태: (m1, m2, …, mn,))
method	Interpolation 방법	'linear', 'nearest', 'slinear', 'cubic', and 'quintic.' 기본은 'linear'
bounds_error	주어진 도메인 바깥 자료를 계산할지 여부	기본은 'False'이며 이 경우 아래의 'fill_value' 옵션이 이용됨
fill_value	주어진 도메인 바깥을 채울 숫자	'None'이면 입력 values 값을 이용하여 외삽(extrapolated). 기본은 Numpy.nan.

표 6-12. 정규 격자(rectilinear grid) 다차원 Interpolation을 수행하는 "Scipy.interpolate. RegularGridInterpolator()" 클래스

형식		
class Scipy.interpolate.griddata(points, values, xi, method='linear', …)		
매개변수	설정하는 특성	옵션
points	자료의 좌표 정보	2차원 배열 (크기: (n, D)), 혹은 1차원 배열 (크기: (n,))의 튜플 형태

values	각 좌표에 정의된 값	1차원 배열, 크기는 (n,)
xi	Interpolation 될 좌표 정보	2차원 배열 (크기: (m, D)), 혹은 같은 크기 배열의 튜플 형태
method	Interpolation 방법	'linear', 'nearest', 'cubic.' 기본은 'linear'
fill_value	주어진 도메인 바깥을 채울 숫자	기본은 Numpy.nan

표 6-13. 무작위 좌표 정보로 2차원 격자 자료를 생성하는 "Scipy.interpolate.griddata()" 클래스

형식		
class Area_weighted_interpolator(old_lons, old_lats, new_lons, new_lats, lat_wt=True, method='average', ud=nan)		
매개변수	**설정하는 특성**	**옵션**
old_lons, old_lats	Interpolation 될 input data의 경도/위도 격자 정보	길이 4 이상의 1차원 배열, 혹은 리스트/튜플의 3가지 항목: nlon(nlat), lon0(lat0), dlon(dlat).
new_lons, new_lats	Interpolation이 목표로 하는 output data의 경도/위도 격자 정보	길이 4 이상의 1차원 배열, 혹은 리스트/튜플의 3가지 항목: nlon(nlat), lon0(lat0), dlon(dlat).
values	정규 격자에 정의된 값	(유사) 배열 형태 (형태: (m1, m2, …, mn,))
method	Interpolation 방법	'average', 'min', 'max.' 기본은 'average'
ud	"values"에 정의된 배열에서 결손된 부분을 채우는 값	기본은 Numpy.nan.
crt	Interpolation 계산 시 가용한 값들의 비율 (0 - 1). 결손 안 된 값들의 비율이 이 값보다 작을 경우 Interpolation 후에 결손으로 처리	기본은 0.5

표 6-14. 면적 가중 interpolation을 수행하는 "Area_weighted_interpolator()" 클래스

b. 강수 자료를 읽어 다양한 Grid Interpolation 적용하기

```python
### 사용되는 패키지 불러오기
import sys
import os.path
import numpy as np
import Code_6_common_functions as cf
## <-- From "Code_6_common_functions.py"

def main():
    ### Precip File Info
    ### This is a binary file, so this information should be
known already.
    nlon, lon0, dlon= 3600, -179.95, 0.1
    nlat, lat0, dlat= 1800, -89.95, 0.1
    ### Build Lons and Lats based on above information
    lon= np.arange(nlon)*dlon+lon0
    lat= np.arange(nlat)*dlat+lat0

    ### Limit region for simpler example
    tgt_lats= [-15,5] ## in degree
    tgt_lons= [35,85] ## in degree
    ## index to match lat/lon in degree
    latidx= [cf.lat_deg2y(y,lat0,dlat) for y in tgt_lats]
    lonidx= [cf.lon_deg2x(x,lon0,dlon) for x in tgt_lons]
    ## Lats and Lons after limiting the region
    lat= lat[latidx[0]:latidx[1]]
    lon= lon[lonidx[0]:lonidx[1]]
    print("Lon:",lon.shape,lon[[0,-1]])
    print("Lat:",lat.shape,lat[[0,-1]])

    ### Read Precipitation data
    indir= './Data/'
    infn= indir+'IMERG_precipitationCal_V06B.20180101-0000.{}
x{}.f32dat'.format(nlat,nlon)
    ### ----
    ### Two methods to read binary.
```

```
### Screen one method, and use the other.
### ----
## (1) In the case of small sized binary file,
## it is convenient to read it as a whole.
in_dims= [nlat, nlon]
pr= cf.bin_file_read2arr(infn, dtype=np.float32
    ).reshape(in_dims)
pr_ref= pr[latidx[0]:latidx[1],lonidx[0]:lonidx[1]]

## (2) In the case of large sized binary file
## and only a part of the large file is needed:
offset= nlon*latidx[0]*4  ## Starting point to read
## <-- Last "4" means float_32bit = 4 Bytes
pr= np.memmap(infn, mode='r', dtype=np.float32,
                offset=offset,
                shape=(latidx[1]-latidx[0],nlon))
## After slicing, memmap object is transformed to
## numpy array, so loaded to memory.
pr_ref= np.array(pr[:,lonidx[0]:lonidx[1]])

pr= 0  ## Initialize to flush memory space
### Check the read result
print("Precip:",pr_ref.shape,pr_ref.min(),pr_ref.max())

### Build grid boundaries to be used for "pcolormesh"
lon_b= np.insert(lon, 0, lon[0]-dlon)+dlon/2
lat_b= np.insert(lat, 0, lat[0]-dlat)+dlat/2
print("Lon_b:",lon_b.shape,lon_b[[0,-1]])
print("Lat_b:",lat_b.shape,lat_b[[0,-1]])
y_ref, x_ref= np.meshgrid(lat_b,lon_b,indexing='ij')
### Reference data to be displayed
display_data= [dict(x=x_ref, y=y_ref, data=pr_ref,
                    title='Original Data (0.1-deg)'),]

### Method1: Simple interpolation
### Interpolate from (0.1-deg, 0.1-deg) to (0.5-deg, 1.0-deg)
x_scaler= 10 ## 1-deg / 0.1-deg
y_scaler= 5 ## 0.5-deg / 0.1-deg
```

```
pr_intpl1= cf.interp2d_fine2coarse_simple(
        pr_ref,x_scaler=x_scaler,y_scaler=y_scaler)
### Build grid boundaries to be used for pcolormesh
lon_b_intpl1= lon_b[::x_scaler]
lat_b_intpl1= lat_b[::y_scaler]
y_intpl1, x_intpl1= np.meshgrid(lat_b_intpl1,
                        lon_b_intpl1, indexing='ij')
### Simple interpolation data to be displayed
display_data.append(dict(x=x_intpl1, y=y_intpl1,
            data=pr_intpl1, title='To 0.5d & 1d'))


### Method2: Using "RegularGridInterpolator"
### Interpolate from 0.1-deg to 0.25-deg.
from scipy.interpolate import RegularGridInterpolator
### First, set-up Interpolation object with input data
intpl_f0= RegularGridInterpolator((lat,lon),pr_ref,
                            bounds_error=False)


### Second, interpolate to new grid
new_resol= 0.25
lon2= np.arange(lon_b[0]+new_resol/2,lon_b[-1],
            new_resol)
lat2= np.arange(lat_b[0]+new_resol/2,lat_b[-1],
            new_resol)
## Need a tuple of 2D grid info of resulting grid
Y2,X2= np.meshgrid(lat2,lon2,indexing='ij')
pr_intpl_lin= intpl_f0((Y2,X2),method='linear')# Linear
pr_intpl_cu= intpl_f0((Y2,X2),method='cubic')  # Cubic


### Build grid boundaries to be used for pcolormesh
lon_b_intpl2= np.arange(lon_b[0], lon_b[-1]+0.01,
                    new_resol)
lat_b_intpl2= np.arange(lat_b[0], lat_b[-1]+0.01,
                    new_resol)
y_intpl2, x_intpl2= np.meshgrid(lat_b_intpl2,
                        lon_b_intpl2, indexing='ij')


### "RGI" interpolation data to be displayed
```

```
display_data.append(dict(x=x_intpl2, y=y_intpl2,
        data=pr_intpl_lin,title='To 0.25d (RGI; linear)'))
display_data.append(dict(x=x_intpl2, y=y_intpl2,
        data=pr_intpl_cu,title='To 0.25d (RGI; cubic)'))


### ----
### Interpolation with data having some missings
### ----
### Artificially adding missings
### Values at some locations are replaced by -999.9
pr_ms= np.copy(pr_ref)
yy= np.arange(len(lat))
for dx in range(25):
    xx= 180+dx+(yy/1.4).astype(int)
    pr_ms[yy,xx]= -999.9


### Reference data with missings to be displayed
display_data2=[dict(x=x_ref, y=y_ref,
                data=np.ma.masked_less(pr_ms, -999.),
                title='Original Data with missings'),]


### Method1b: Simple interpolation with Missings
### Interpolate from (0.1-deg, 0.1-deg) to (0.5-deg, 1.0-deg)
x_scaler=10 ## 1-deg / 0.1-deg
y_scaler=5 ## 0.5-deg / 0.1-deg
pr_ms_intpl1= cf.interp2d_fine2coarse_simple(pr_ms,
                x_scaler=x_scaler, y_scaler=y_scaler,
                include_missing=True,
                undef=-999.9, crt=0.5)
### Simple method interpolation data to be displayed
display_data2.append(dict(x=x_intpl1, y=y_intpl1,
            data=pr_ms_intpl1, title='To 0.5d & 1d'))


### Method3: Area-weighted Interpolation
### Interpolate from 0.1-deg to 0.25-deg.
## Define an object and make it ready
awi= cf.Area_weighted_interpolator(old_lons=lon,
            old_lats=lat,new_lons=lon2,new_lats=lat2)
```

```
    awi.get_weights()
    ## Perform interpolation
    pr_ms_intpl_aw= awi.interpolate2d(pr_ms, ud=-999.9,
                                method='average', crt=0.5)
    ### Area-weighted interpolation data to be displayed
    display_data2.append(dict(x=x_intpl2, y=y_intpl2,
            data=np.ma.masked_less(pr_ms_intpl_aw, -999.),
            title='To 0.25d (area-weighted)'))


    ### Method4: Using "griddata"
    ### Interpolate from no-grid data to 0.25-deg.
    from scipy.interpolate import griddata
    ### Input data in the form of (x,y,val), all 1-D, same
length
    valid_idx= pr_ms>=0.
    grid_x, grid_y= np.meshgrid(lon,lat)
    new_grid_x, new_grid_y= np.meshgrid(lon2,lat2) ## 0.25deg
    ## 2-D grid (from np.meshgrid) of input data will be
flattened by indexing, "[valid_idx]"
    pr_ms_gridded= griddata(
                (grid_x[valid_idx],grid_y[valid_idx]),
                pr_ms[valid_idx],(new_grid_x,new_grid_y),
                method='cubic', fill_value=-999.9,
    ) ##<-- Cubic interpolation
    ### "griddata" interpolation data to be displayed
    display_data2.append(dict(x=x_intpl2, y=y_intpl2,
            data=np.ma.masked_less(pr_ms_gridded, -999.),
            title='To 0.25d (griddata; cubic)'))


    ### Prepare data for plotting
    outdir= "./Pics/"
    fnout= outdir+"Code6-2-2_Grid_Interpolation_example.png"
    suptit= "IMERG Precip [2018.01.01 00h-00m UTC]"
    pic_data= dict(data=(display_data, display_data2),
                tgt_latlon= (tgt_lats, tgt_lons),
                suptit=suptit, fnout=fnout,
    )
    plot_main(pic_data)
```

```
    return

if __name__ =="__main__":
    main()
```

바이너리 자료는 "Numpy.fromfile()" 함수를 이용하여 쉽게 읽을 수 있습니다(6-2-2-e의 "bin_file_read2arr()" 참조). 다만 바이너리 자료의 크기가 매우 크고(예: 몇 기가바이트 혹은 그 이상), 그중 일부만 읽어도 된다면 "Numpy.memmap()" 클래스가 유용합니다. "Numpy.fromfile()"는 저장장치의 자료 전체를 바로 메모리로 불러들이지만, "Numpy.memmap()" 클래스는 일단 자료의 형태와 저장 위치에 대한 정보만 가져오기 때문에 컴퓨터의 메모리가 제한적일 때 특히 유용합니다.

형식		
class np.memmap(filename, mode='r+', dtype=uint8, ...)		
매개변수	**설정하는 특성**	**옵션**
filename	입력 파일 이름	문자열 혹은 파일 객체
mode	읽을 파일을 어떻게 다룰지 설정	'r': 읽기 'r+': 읽고 쓰기 'w+': 새로 만들거나 덮어쓰기 'c': 메모리로 올라온 자료는 수정 가능하나 디스크에 저장된 자료는 변화 안 줌
dtype	데이터 형식	기본은 uint8
offset	디스크에 저장된 파일 자료 중 읽기 시작하는 위치 지정	단위가 Byte이므로 데이터 형식에 따라 적절한 단위 Byte 숫자를 곱해 줘야 함
shape	읽을 배열의 형태 지정	튜플 입력
order	자료가 저장된 방식	'C': "row-major" 'F': "column-major"(포트란 스타일)

표 6-15. 큰 크기의 바이너리 파일을 읽는 "np.memmap()" 클래스

첫 번째 Interpolation 방법은 위에서 정의된 함수 "interp2d_fine2coarse_simple()"를 이용한 간단한 방법입니다. [0.1도, 0.1도]에서 [0.5도, 1.0도]로 변환하였습니다.

두 번째 방법은 "Scipy.interpolate.RegularGridInterpolator()" 클래스를 이용한 방법입니다. Scipy에는 다양한 조건의 Interpolation 방법들이 구축되어 있는데, 이 중 "RegularGridInterpolator()" 클래스는 격자가 일정한 다차원 배열의 Interpolation을 지원합니다. 주의할 점은 대부분의 Scipy에서 지원하는 Interpolation 방법들은 손실 자료에 대한 처리를 지원하지 않습니다.

Interpolation 처리된 결과물은 display_data 리스트에 각 원소가 딕셔너리 형태로 저장되어 이후 그림을 그릴 때 사용됩니다.

이어서 입력 자료의 일부가 손실된 경우입니다. 이번 실습을 위해 먼저 기존 강수 자료의 임의의 위치에 손실자료를 뜻하는 "-999.9" 값이 할당되었습니다.

손실 포함 자료의 첫 번째 Interpolation 방법은 처음에 위에서 정의된 함수 "interp2d_fine2coarse_simple()"을 이용한 간단한 방법입니다. 마찬가지로 [0.1도, 0.1도]에서 [0.5도, 1.0도]로 변환하였으며, 만약 손실자료가 새 격자의 반 이상을 차지하면 새 격자를 손실로 처리하도록 하였습니다(crt= 0.5).

두 번째 방법은, 역시 위에서 언급되었던, 면적 가중치를 적용하는 방법입니다 ("Area_weighted_interpolator()" 클래스). 마지막 방법은 "Scipy.interpolate.griddata()" 클래스를 이용하는 방법입니다. "griddata()" 클래스는 원래 격자가 없는 자료(예: 스테이션 관측 자료)를 격자로 구현하는 함수인데, 자료에 손실이 있을 경우 손실이 없는 자료만 따로 모아 입력하는 방식으로 이용할 수 있습니다.

위의 예에서 주의할 점은 원래 음수 값이 없는 강수자료이지만, "cubic" 방식의 계산 결과 일부 음의 값이 나타날 수 있다는 점입니다. (그림 6-5d와 6-5h에서 회색으로 표시된 부분) 이 경우 임의로 작은 음수 값(예: -0.1) 이하의 값들을 0으로 치환하여 사용하여도 되고, "cubic" 방식 대신 "linear" 방식을 이용하여 음수 값을 방지할 수 있습니다.

c. 그림 객체 생성하기

위의 수행한 Interpolation 결과가 저장된 display_data와 display_data2를 이용하여 각각 지도상에 그림을 그립니다.

```python
### 사용되는 패키지 불러오기
import matplotlib.pyplot as plt
import matplotlib as mpl
import matplotlib.colors as cls
from matplotlib.ticker import MultipleLocator,FixedLocator
import cartopy.crs as ccrs

def plot_main(pdata):
    ## 인계된 변수를 사용하기 쉬운 형태로 바꾸고 기본 설정을 합니다.
    data= pdata['data']
    tgt_lats, tgt_lons= pdata['tgt_latlon']
    abc, ai= 'abcdefghijklmn', 0
    ncol, nrow= len(data), len(data[0])

    ###---
    fig= plt.figure()
    fig.set_size_inches(6,8.5)  ## (xsize,ysize)
    ### Page Title
    fig.suptitle(pdata['suptit'], fontsize=16, y=0.97,
                va='bottom') # stretch='semi-condensed'

    ### Parameters for subplot area
    left,right,top,bottom= 0.05, 0.95, 0.93, 0.05
    npnx,gapx,npny,gapy= ncol, 0.02, nrow, 0.07
    lx= (right-left-gapx*(npnx-1))/npnx
```

```
ly= (top-bottom-gapy*(npny-1))/npny
ix,iy= left, top


## Precip values vary exponentially,
## hence non-linear levels are used.
p_lev= [0.,0.1,0.2,0.5,1,2,5,10,20,50,100]
## Define ColorMap
cm= mpl.colormaps['terrain_r']
## Set for missing data (masked grid cells)
cm.set_bad('r')
cm.set_under('0.8')   ## Set for values below 0.
## Transform continuous colormap into distinct one.
norm= cls.BoundaryNorm(p_lev, ncolors=cm.N, clip=False)
## Properties for pcolormesh map
props = dict(edgecolor='none', alpha=0.8, cmap=cm,
             norm=norm)
map_proj= ccrs.PlateCarree()
data_proj= ccrs.PlateCarree()


###-- Draw by panel
for j, display_data in enumerate(data):
    for I, dp_data in enumerate(display_data):
        ax1= fig.add_axes([ix,iy-ly,lx,ly],
                          projection=map_proj)
        ## Limit the map region
        ax1.set_extent([*tgt_lons,*tgt_lats],
                     crs=data_proj)
        pic1= ax1.pcolormesh(dp_data['x'],
            dp_data['y'], dp_data['data'], **props)
        subtit= '({}) {}'.format(abc[ai],
                             dp_data['title'])
        ai+=1
        if j==0: gl_lab_locator=[False,True,True,False]
        else:    gl_lab_locator=[False,True,False,True]
        ##<-- [Top,Bottom,Left,Right]
        map_common(ax1, subtit, data_proj,
                 gl_lab_locator)
        txt= 'Max={:.1f} mm/h'.format(
```

```
                              dp_data['data'].max())
         ax1.text(0.02,0.97,txt,ha='left',va='top',
                 fontsize=10,color='0.2',weight='bold',
                 transform=ax1.transAxes)
       iy= iy-ly-gapy; print(subtit)
     iy=top
     ix= ix+lx+gapx

   ### Draw Colorbar
   cb= cf.draw_colorbar(fig, ax1, pic1, type='horizontal',
                 size='page', extend='both', width=0.02)
   cb.ax.set_xlabel('Precipitation Rate (mm/h)',
                 fontsize=11)
   ## Specify tick location.
   cb.set_ticks(p_lev)

   ###--- Save or Show
   plt.savefig(pdata['fnout'],bbox_inches='tight',dpi=150)
   print(pdata['fnout'])
   #plt.show()
   return
```

그림을 그릴 페이지를 정의하고 그 페이지 안에 subplot이 몇 개가 어떻게 들어갈지 정의합니다. 여기서는 2행(row) 4열(column)로 정의되었습니다. 페이지의 전체 제목을 작성하고 주어진 결과물을 차례대로 지도상에 표시합니다. 색지도(ColorMap) 객체를 불러온 후, "set_bad()" 함수를 이용하여 Masked Array가 입력되었을 때, 가려진 부분의 색을 지정할 수 있습니다(위에서는 빨간색['r']으로 지정되었습니다). 또한 "set_under()" 함수를 이용하여 주어진 범위 ([vmin, vmax]) 미만의 값을 표시할 색을 따로 정의하였습니다(위에서는 회색['0.8']으로 지정되었습니다; 초과 값은 "set_over()"로 지정합니다). 추가적으로 각 패널(axis)상에 강수 최댓값을 "Axes.text()" 함수를 이용하여 표시하였는데, 문자를 쓰는 위치는 기본적으로 데이터 값으로 정의되지만, 여기에서는 "transform" 옵션을 이용하여 패널의 가로세로 전체 크기를 1로 해서 위치를 0과 1 사이의 상대값으로 지정할 수 있게 하였습니다.

클래스 이름		
class Matplotlib.colors.Colormap()		
함수	**설정하는 특성**	**옵션**
reversed()	색지도를 뒤집는지 여부	name=None; 색지도 이름 참고로 색지도 이름에 '_r'을 붙이는 것과 같은 효과이다. 예) 'jet' vs. 'jet_r'
set_bad()	가려진 값(masked value)에 사용될 색	color='k', alpha=None; 색 이름 및 투명도
set_under()	하단 범위 바깥값에 사용될 색	color='k', alpha=None; 색 이름 및 투명도 참고: Colormap Normalization
set_bad()	상단 범위 바깥값에 사용될 색	color='k', alpha=None; 색 이름 및 투명도 참고: Colormap Normalization

표 6-16. "Matplotlib.colors.Colormap()" 클래스에 포함된 함수들

d. 이 프로그램을 위해 정의된 함수(들)

```
### 지도상 그림을 꾸며 주는 명령어들을 모아 놓은 함수
def map_common(ax, subtit, crs, gl_lab_locator=
[False,True,True,False]):
    """ Decorating Cartopy Map
    """
    ### Title
    ax.set_title(subtit, fontsize=13, ha='left', x=0.0)
    ### Coast Lines
    ax.coastlines(color='silver', linewidth=1.)
    ### Grid Lines
    gl= ax.gridlines(crs=crs,draw_labels=True,linewidth=0.6,
                color='gray',alpha=0.5,linestyle='--')
    ### x and y-axis tick labels
```

```
    gl.top_labels, gl.bottom_labels, gl.left_labels,
gl.right_labels = gl_lab_locator
    gl.xlocator = MultipleLocator(10)
    gl.ylocator = MultipleLocator(5)
    gl.xlabel_style = {'size': 10, 'color': 'k'}
    gl.ylabel_style = {'size': 10, 'color': 'k'}
    ### Aspect ratio of map
    ax.set_aspect('auto')
    ##<-- 'auto' allows the map to be distorted and fill the
defined axes
    return
```

e. "Code_6_common_functions.py"에 정의된 함수(들)

```
import math
### 경도를 배열의 해당 인덱스로 바꿔 주는 함수
def lon_deg2x(lon, lon0, dlon):
    """
    Transform Lon in degree into array index
      based on pre-known resolution characteristics,
      lon0(starting longitude) and dlon(lon resolution)
    """
    x= math.ceil((lon-lon0)/dlon)
    nx= int(360/dlon)
    if x<0:
        while(x<0):
            x+= nx
    elif x>=nx: x= x%nx
    return x

### 위도를 배열의 해당 인덱스로 바꿔 주는 함수
lat_deg2y = lambda lat,lat0,dlat: math.ceil((lat-lat0)/dlat)

### 바이너리 파일을 읽어 Numpy 배열로 반환하는 함수
def bin_file_read2arr(fname, dtype=np.float32):
    """ Open a binary file, read data, and return as Numpy 1-D
array
```

```
    fname : file name
    dtype   : data type; np.float32 or np.float64, etc.
"""
if not os.path.isfile(fname):  ## 파일이 존재하는지 확인
    sys.exit("File does not exist:"+fname)

with open(fname,'rb') as f:
    bin_arr = np.fromfile(file=f, dtype=dtype)
return bin_arr
```

"lon_deg2x()" 함수와 "lat_deg2y()" 함수는 각도로 주어진 경도/위도를 주어진 자료의 인덱스(index)로 변환하는 함수입니다. 이를 위해 자료의 격자에 대한 정보를 필요로 합니다(위도/경도의 시작점, 간격, 그리고 전체 격자 갯수). "bin_file_read2arr()" 함수는 주어진 파일 이름을 이용하여 바이너리(binary) 파일을 열고 값을 읽어 들여 반환하는 함수입니다.

f. 명령어 창 출력 예제

```
>> python3 Code_6-2-2_Grid_Interpolation_py3.py
Lon: (500,) [35.05 84.95]
Lat: (200,) [-14.95  4.95]
Precip: (200, 500) 0.0 69.44041
Lon_b: (501,) [35. 85.]
Lat_b: (201,) [-15.  5.]
(a) Original Data (0.1-deg)
(b) To 0.5d & 1d
(c) To 0.25d (RGI; linear)
(d) To 0.25d (RGI; cubic)
(e) Original Data with missings
(f) To 0.5d & 1d
(g) To 0.25d (area-weighted)
(h) To 0.25d (griddata; cubic)
./Pics/Code6-2-2_Grid_Interpolation_example.png
```

6-3. 다중 동시 작업(기초)

컴퓨터 기술의 발달로 현재는 하나의 CPU가 여러 작업을 동시에 진행하는 것이 일반적입니다. 효과적인 CPU 자원의 배분은 프로그램 실행 시 필요한 시간을 단축시키는 효과가 있습니다. CPU의 다중 동시 작업을 지원하는 방법에는 크게 Multithreading과 Multiprocessing이 있습니다. 아주 간단히 설명하자면, 2가지 방법은 메모리를 공유하느냐 아니냐의 차이가 있습니다. 예를 들면 OpenMP는 Multithreading이고, MPI는 Multiprocessing 방식입니다. 여기서는 파이썬에서 이 2가지 방식이 어떻게 구현되는지 간단한 예를 통해 알아보겠습니다. 아래는 프로그램의 진행 순서입니다.

---

1) 다중 동시 작업과 관련된 함수들 정의하기
2) 바이너리 형식의 강수 자료를 읽어 들이고 원하는 형태로 배열 모양 변화시키기
3) 다중 동시 작업을 실행시키고 시간을 측정하기

---

a. Multithreading과 Multiprocessing 관련된 함수들

```python
### 사용되는 패키지 불러오기
from concurrent.futures import ThreadPoolExecutor,
ProcessPoolExecutor
from itertools import repeat

### Multithreading을 실행시키는 함수
def awi_thread_executor(func, indata, ud=-999., nThreads=1,
chunk_size=0):
    """
    ThreadPoolExecutor
    - The asynchronous execution can be performed with
threads
    - https://docs.python.org/3.8/library/concurrent.futures.
html

    Function "chunks" provides parts of indata.
```

```
    Usually large chunks rather than small chunks perform
faster.
    For the constant input required for given function,
    it is needed to "repeat" it for each thread/process.
    """
    if chunk_size<=0:
        chunk_size= indata.shape[0]//nThreads
        if indata.shape[0]%nThreads!=0:
            chunk_size+=1
    with ThreadPoolExecutor(max_workers=nThreads) as
executor:
        results= executor.map(func,
                    chunks(indata,chunk_size), repeat(ud))
    return results


### Multiprocessing을 실행시키는 함수
def awi_process_executor(func, indata, ud=-999., nThreads=1,
chunk_size=0):
    """
    ProcessPoolExecutor
    - The asynchronous execution can be performed with
separate processes
    - https://docs.python.org/3.8/library/concurrent.futures.
html

    Function "chunks" provides parts of indata.
    Usually large chunks rather than small chunks perform
faster.
    For the constant input required for given function,
    it is needed to "repeat" it for each thread/process.
    """
    if chunk_size<=0:
        chunk_size= indata.shape[0]//nThreads
        if indata.shape[0]%nThreads!=0:
            chunk_size+=1
    with ProcessPoolExecutor(max_workers=nThreads) as
executor:
        results= executor.map(func,
```

```
                        chunks(indata,chunk_size), repeat(ud))
    return results

### 배열을 작은 덩어리(chunk)로 나누어 공급해 주는 함수
def chunks(data, chunk_size=1):
    """
    Overly-simple chunker...
    Basic idea here is that, assumed that given input data is
    3-D, "yield" chunks of data by dividing the first axis of
    input data into a few sub-groups (chunks).
    """
    intervals = list(range(0, data.shape[0], chunk_size)) +
[None,]
    for start, stop in zip(intervals[:-1], intervals[1:]):
        yield data[start:stop,:]  ## yield by 0th axis
```

"awi_thread_executor()" 함수와 "awi_process_executor()" 함수는 이 프로그램의 목적에 맞추어 특화된 Multithread와 Multiprocess를 각각 지원합니다(지원하는 함수 [여기서는 Area_weighted_interpolator()]가 필요로하는 매개변수들에 특화되었다는 뜻입니다). 여기에서 chunk_size는 선택 사항입니다. chunk_size는 전체 입력 자료 중 주어진 개수의 threads/processes에 적절히 배분될 자료의 크기를 의미합니다. 위에서는 "chunks()" 함수를 이용하여 각각의 threads/processes에 작은 조각의 입력 자료를 공급하고 있습니다. "chunks()" 함수에서는 끝에 "return" 대신 "yield"가 쓰였는데, "yield"는 일회성으로 생성된 후 곧 소모될 상황에 적합합니다(6-2-1-e의 "yield_date_range()" 함수 참조). 만약 대용량의 자료를 "np.memmap()"을 통해 읽어 들였을 경우에는 "chunks()" 함수는 반드시 끝에서 memmap 객체를 Numpy 배열 형태로 변환한 후 다중 동시 작업에 공급해야 함을 주의합니다. 각 "executor" 함수의 결과물은 Numpy 배열이나 리스트가 아닌 generator 객체이므로 추후 List로, 그 후 필요에 따라 Numpy 배열로 변환할 수 있습니다.

형식		
class concurrent.futures.ThreadPoolExecutor(max_workers=None, thread_name_prefix='', initializer=None, initargs=())		
매개변수	설정하는 특성	옵션
max_workers	쓰레드 개수의 최댓값	정수. 주어지지 않았을 경우 해당 컴퓨터의 프로세서×5 (I/O 작업을 상정)
thread_name_prefix	실행될 쓰레드의 공통 이름 -	문자열
initializer	각 쓰레드가 일을 시작하기 전 먼저 실행될 필요가 있는 작업 지정	함수 또는 유사한 불러올 수 있는 것
iniargs	initializer에서 불러오는 함수가 필요로 하는 매개변수	튜플

표 6-17. 멀티쓰레드를 실행하는 "ThreadPoolExecutor()" 클래스

형식		
class concurrent.futures.ProcessPoolExecutor(max_workers=None, mp_context=None, initializer=None, initargs=())		
매개변수	설정하는 특성	옵션
max_workers	사용될 프로세스 개수의 최댓값	정수. 주어지지 않았을 경우 해당 컴퓨터의 프로세서의 개수로 설정
mp_context	각 프로세서 작업자의 시작 방법을 설정	
initializer	각 쓰레드가 일을 시작하기 전 먼저 실행될 필요가 있는 작업 지정	함수 또는 유사한 불러올 수 있는 것
iniargs	initializer에서 불러오는 함수가 필요로 하는 매개변수	튜플

표 6-18. 멀티프로세싱을 실행하는 "ProcessPoolExecutor()" 클래스

형식		
concurrent.futures.Executor.map(func, *iterables, timeout=None, chunksize=1)		
매개변수	설정하는 특성	옵션
func	동시 다중 작업으로 실행될 함수	
*iterables	위 함수에 입력될 객체(들)	반복 가능 형태(iterable)
timeout	함수가 결과물을 도출할 때까지의 제한시간 설정	정수 혹은 실수. 안 주어지면 무제한
chunksize	일을 할당할 때 *iterable에서 몇 개씩 주어질지 결정	양의 정수. ProcessPoolExcuter에만 해당

표 6-19. 동시 다중 작업에 특화된 "map()" 함수

b. 강수 자료를 읽어 테스트에 적합한 모양으로 변환 후 실행하기

```
### 사용되는 패키지 불러오기
import sys
import os.path
import numpy as np
import Code_6_common_functions as cf
## <-- From "Code_6_common_functions.py"

def main():
    ### Precip File Info
    ### This is a binary file, so this information should be
known already.
    nlon, lon0, dlon= 3600, -179.95, 0.1
    nlat, lat0, dlat= 1800, -89.95, 0.1
    ### Build Lons and Lats based on above information
    lon= np.arange(nlon)*dlon+lon0
    lat= np.arange(nlat)*dlat+lat0

    ### Read Precipitation data
    indir= './Data/'
    infn= indir+'IMERG_precipitationCal_V06B.20180101-0000.{}
x{}.f32dat'.format(nlat,nlon)
```

```
    pr= cf.bin_file_read2arr(infn, dtype=np.float32
        ).reshape([nlat, nlon])
    pr= pr[300:1500] ## Cut Lats, so now 60S-60N
    nlat= 1200

    ### Transform current 2-D precip array into artificial 3-D
array
    ## Every 30 degrees for lat
    lat_scaler= 4; nlat2= nlat//lat_scaler
    ## Every 60 degrees for lon
    lon_scaler= 6; nlon2= nlon//lon_scaler
    pr= pr.reshape([lat_scaler,nlat2,lon_scaler,nlon2])
    pr= pr.swapaxes(1,2)
    pr= pr.reshape([lat_scaler*lon_scaler,nlat2,nlon2])
    ## <-- Now the array represents 24 sub-regions of 45-deg
x 60-deg size
    print("Precip:",pr.shape) ## Check the read result
    lon_sub= lon[:nlon//lon_scaler]
    lat_sub= lat[:nlat//lat_scaler]

    ### Interpolate from 0.1-deg to 0.25-deg.
    new_resol=0.25
    lon_target= np.arange(lon_sub[0]-dlon/2+new_resol/2,
                    lon_sub[-1]+dlon/2, new_resol)
    lat_target= np.arange(lat_sub[0]-dlat/2+new_resol/2,
                    lat_sub[-1]+dlat/2,new_resol)
    ### Area-weighted Interpolation
    awi= cf.Area_weighted_interpolator(old_lons=lon_sub,
            old_lats=lat_sub, new_lons=lon_target,
            new_lats=lat_target
    ) ## <-- Define an object
    awi.get_weights() ## Get weights for interpolation

    ### Multi-threading Setting
    if len(sys.argv) >= 3 and int(sys.argv[2]) <= np.ceil(pr.
shape[0]/nThreads):
        chunk_size= int(sys.argv[2])
    else:
```

```python
        chunk_size= int(np.ceil(pr.shape[0]/nThreads))
        print("chunk_size is changed to optimal number, {}".
format(chunk_size))


    ### Run1: ProcessPool
    time0= time.time()  ## Record the starting time
    results= awi_process_executor(awi.interpolate3d, pr,
                            ud=-9999.9, nThreads=nThreads,
                            chunk_size=chunk_size)
    ## The output results are a set of numpy arrays
    pr_intpl_aw_p= np.concatenate(list(results))
    time1= time.time()  ## Record the ending time
    print("Interpolated to:", pr_intpl_aw_p.shape)
    print("Process_Pool_executor with {} threads and {}
chunk_size: {:.3f} sec".format(nThreads, chunk_size, time1-
time0))


    ### Run2: ThreadPool
    time0= time.time()
    results= awi_thread_executor(awi.interpolate3d, pr,
                            ud=-9999.9, nThreads=nThreads,
                            chunk_size= chunk_size)
    ## The output results are a set of numpy arrays
    pr_intpl_aw_t= np.concatenate(list(results))
    time1= time.time()
    print("Interpolated to:", pr_intpl_aw_t.shape)
    print("Thread_Pool_executor with {} threads and {} chunk_
size: {:.3f} sec".format(nThreads, chunk_size, time1-time0))

    ### Run3: Single Thread
    time0= time.time()
    pr_intpl_aw= awi.interpolate3d(pr,ud=-9999.9)
    time1= time.time()
    print("Interpolated:",pr_intpl_aw.shape)
    print("Single Thread: {:.3f} sec".format(time1-time0))

    ### Test the results if they are equivalent.
```

```
    print("Test if each value is same between single vs.
multi-thread")
    print(np.array_equal(pr_intpl_aw,pr_intpl_aw_t))
    print(np.array_equal(pr_intpl_aw,pr_intpl_aw_p))
    return


if __name__=="__main__":
    ### Check multi-threading Setting
    try:
        nThreads= int(sys.argv[1])
    except:
        sys.exit("Number of Thread(s) is necessary")
    main(nThreads)
```

60°S-60°N 지역의 강수 자료는 [1200, 3600] 크기의 배열입니다. 편의를 위하여 이 배열을 [24, 300, 600] 크기로 조정하여, 마치 크기가 [300, 600]인 2차원 자료가 24개 있는 것으로 만들었습니다. 이후 6-2-2절에서 이용되었던 면적 가중 Interpolation(awi) 클래스를 불러들이고 초기화하였습니다. 6-2-2절에 사용된 여러 방법들 중 awi가 시간이 가장 많이 소모되기 때문에 선택되었습니다. 여기서는 0.1°의 강수자료를 0.25°로 변환하는 프로그램을 가지고 Multithreading/Multiprocessing을 테스트해 보겠습니다.

c. 명령어 창 출력 예제

>> python3 Code_6-3a_Hint_of_multithreading_py3.py
Number of Thread(s) is necessary

>> python3 Code_6-3a_Hint_of_multithreading_py3.py 4
Precip: (24, 300, 600)
chunk_size is changed to optimal number, 6
Interpolated to: (24, 120, 240)
Process_Pool_executor with 4 threads and 6 chunk_size: 6.752 sec

```
Interpolated to: (24, 120, 240)
Thread_Pool_executor with 4 threads and 6 chunk_size: 26.434 sec
Interpolated: (24, 120, 240)
Single Thread: 23.797 sec
Test if each value is same between single vs. multi-thread
True
True
```

위 프로그램을 다양한 설정으로 실행하기 위해 실행 전용 프로그램을 따로 만들었습니다.

d. 위 프로그램을 반복 실행해 주는 프로그램
(Code_Ch6-3b_Run_Code_6-3a_py3.py)

```python
### 사용되는 패키지 불러오기
from subprocess import run


prog = "python3"
file_name = "Code6_Hint_of_multithreading_py3.py"


exec0 = "{} {}".format(prog, file_name)


options = [(4,1), (3,4), (2,4)]
for opt in options:
    exec1 = exec0+" {} {}".format(*opt)
    print("\n> "+exec1)
    run(exec1, shell=True)  ## run string as if it is a shell
command
```

"subprocess" 패키지의 "run()" 함수를 이용하면 문자열을 명령창(command win-
dow)에서 실행시킨 결과를 얻을 수 있어서 쉘 스크립트(shell script)를 대체할 만한 파
이썬 프로그램을 작성할 수 있습니다. 위 코드를 실행한 결과는 다음과 같습니다.

e. 명령어 창 출력 예제

```
>> python3 Code_6-3a_Hint_of_multithreading_py3.py 4 1
Precip: (24, 300, 600)
Interpolated to: (24, 120, 240)
Process_Pool_executor with 4 threads and 1 chunk_size: 7.042 sec
Interpolated to: (24, 120, 240)
Thread_Pool_executor with 4 threads and 1 chunk_size: 26.387 sec
Interpolated: (24, 120, 240)
Single Thread: 23.676 sec
Test if each value is same between single vs. multi-thread
True
True

>> python3 Code_6-3a_Hint_of_multithreading_py3.py 3 4
Precip: (24, 300, 600)
Interpolated to: (24, 120, 240)
Process_Pool_executor with 3 threads and 4 chunk_size: 8.762 sec
Interpolated to: (24, 120, 240)
Thread_Pool_executor with 3 threads and 4 chunk_size: 25.733 sec
Interpolated: (24, 120, 240)
Single Thread: 23.636 sec
Test if each value is same between single vs. multi-thread
True
True

>> python3 Code_6-3a_Hint_of_multithreading_py3.py 2 4
Precip: (24, 300, 600)
Interpolated to: (24, 120, 240)
Process_Pool_executor with 2 threads and 4 chunk_size: 12.798 sec
Interpolated to: (24, 120, 240)
Thread_Pool_executor with 2 threads and 4 chunk_size: 25.994 sec
Interpolated: (24, 120, 240)
Single Thread: 23.931 sec
Test if each value is same between single vs. multi-thread
True
True
```

Thread 개수와 자료를 분배할 크기인 chunk_size를 명령창 Command Line에서 읽어 옵니다. 각각의 단일 작업/동시 다중 작업의 전후에서 시간을 기록하여 각 작업이 걸린 시간을 계산합니다.

여러 가지 설정에 따른 결과를 보면, 첫 번째로 위 상황에서 "ThreadPoolExecutor()"는 동시 다중 작업의 효과를 내지 못하고 있습니다. 그 이유는 파이썬 자체의 "Global Interpreter Lock(GIL)" 설정 때문인 걸로 생각됩니다(참조: https://stackoverflow.com/questions/21210254/concurrent-futures-threadpoolexecutor-map-is-slower-than-a-for-loop). 만약 주어진 작업이 CPU상에서의 계산이 아니라 Input/Output에 관한 작업이라면 "ThreadPoolExecutor()"도 동시 다중 작업을 잘 수행할 수 있습니다 (예: https://docs.python.org/3.8/library/concurrent.futures.html#threadpoolexecutor-example).

두 번째로 개인용 컴퓨터 환경에서 "ProcessPoolExecutor()"는 작업자(nThreads)의 개수에 따라 정확히 반비례로 시간이 줄지는 않습니다. 위 프로그램이 돌아갈 때 컴퓨터의 작업관리자를 살펴보면 작업자를 3개로 선택했을 때 실제로 3개의 작업자 외에 1개의 메인 작업자가 각각의 하부 작업자를 관리하게 되어 총 4개의 코어가 이용됨을 알 수 있습니다. 따라서 4-코어 CPU 환경에서는 nThread=3이 오히려 적절한 환경일 수 있습니다. 세 번째로 위의 예에서 분배되어 함수에 입력되는 덩어리의 크기(chunk_size)는 결과에 별 영향이 없어 보입니다. 하지만 이는 예제에 쓰인 자료의 크기가 작기 때문이며, 대용량의 자료를 처리해야 할 경우 메모리가 허락하는 한에서 큰 덩어리를 적은 개수로 분배하는 것이 작은 덩어리를 많은 개수로 분배하는 것보다 대체로 더 효율적입니다. 여기에서 언급된 방법들 외에도 동시 다중 작업의 또다른 접근 방법으로 OpenMP가 적용된 Fortran 모듈을 F2PY3 명령어를 이용해 파이썬에서 불러들일 수 있는 형태로 변환한 후 사용하는 방법도 가능합니다(참조: https://numpy.org/doc/stable/f2py/).

7. 기상레이더 자료 분석을 위한 시각화

이정은(wjddms4634@gmail.com)

기상레이더는 대기 중에 전자기파를 송신하여 되돌아온 신호로 강수 입자를 관측하는 장비입니다. 날씨 방송에서 비 또는 눈이 예보될 시 보여 주는 영상이 바로 기상레이더 자료를 이용하여 추정한 강수량 영상입니다. 기상청 날씨누리 홈페이지에서도 레이더 강수량 영상을 제공하고 있어 언제 어디서든 강수 유무와 강도를 쉽게 파악할 수 있습니다. 기상레이더 자료는 강수량 추정 이외에도 실황감시 및 예보를 위해 다양한 산출물을 생산하는 데 사용됩니다. 기상레이더 자료를 기반으로 한 다양한 산출물들은 수문, 위성, 모델 등 다른 분야와의 융합 연구를 위해서도 가치 있게 활용될 수 있습니다. 본 장에서는 기상레이더 산출물(강수량, 바람장, 반사도 합성장)을 분석하기 위해 자료를 읽고 표출하는 방법에 대해 설명합니다. 개발 환경은 jupyter notebook을 이용하였고, 본 장에서 제시된 함수 중 일부는 기상청 기상레이더센터 박소연 연구원과 공동작업하였습니다. 본 장에서 사용한 자료는 기상청 국가기후데이터센터를 통해 다운받아 활용했습니다.

7-1. 기상레이더 자료 읽기

기상레이더 산출물은 gzip으로 압축된 바이너리(bin.gz) 또는 netCDF 형식으로 제공됩니다. 두 형식의 자료를 읽기 위해 필요한 모듈은 다음과 같습니다. gzip 모듈은 bin.gz 형식 파일, netCDF 모듈은 netCDF 형식 파일을 읽는 데 사용됩니다.

```
# 필요한 모듈 가져오기
import numpy as np
import sys
import gzip # bin.gz 형식 파일 읽는 데 사용
from netCDF4 import Dataset # netCDF 형식 파일 읽는 데 사용
```

7-1-1. 레이더 강수량 자료 읽기

기상레이더 관측변수(이중편파변수)를 이용하여 산출한 강수량(Hybrid Surface Precipitation, HSP) 자료는 bin.gz 형식으로 저장되고 있습니다. 레이더 강수량 자료 구조는 다음 표와 같습니다.

레이더 강수량(HSP) 자료 구조	
헤더	1024 bytes = RDR_CMP_HEAD (64 bytes) + RDR_CMP_STN_LIST (20bytes) × 48
강수량	short int. (2 bytes) × 2305 × 2881
고도정보	short int. (2 bytes) × 2305 × 2881
지점정보	short int. (2 bytes) × 2305 × 2881

표 7-1. bin.gz 형식의 레이더 강수량(HSP) 자료 구조

레이더 강수량(HSP) 자료 헤더에 대한 구체적인 정보는 표 7-3(RDR_CMP_HEAD), 표 7-4(RDR_CMP_STN_LIST)와 같습니다(표 7-2는 RDR_CMP_HEAD, RDR_CMP_STN_LIST 내 TIME_SS 구조체를 의미함).

자료형	변수명	크기(bytes)	설명
short	yy	2	년
char	mm	1	월
char	dd	1	일
char	hh	1	시
char	mi	1	분
char	ss	1	초

표 7-2. 레이더 강수량(HSP) 자료 헤더 내 TIME_SS 구조체

자료형	변수명	크기 (bytes)	설명
char	version	1	포맷버전
short	ptype	2	산출물 종류
struct TIME_SS	tm	7	레이더 관측 시각
struct TIME_SS	tm_in	7	합성자료 생성 시각
char	num_stn	1	합성에 사용된 레이더 지점 수
char	map_code	1	지도정보 코드
char	map_etc	1	기타 지도 정보 코드(예비)
short	nx	2	x축 격자점 수
short	ny	2	y축 격자점 수
short	nz	2	z축 격자점 수
short	dxy	2	격자점 간의 수평거리(m)
short	dz	2	격자점 간의 연직거리(m)
short	z_min	2	nz>1인 경우, 최저고도값(m)
char	num_data	1	(nx*ny*nz)를 1개 자료블럭으로 했을 때, 저장된 자료블럭 수
char	data_code	16	저장된 자료블럭별 특성 코드 (1: 에코, 2: 고도, 3: 지점, 4: 자료 수, 5: 강수량, 6: 수상체)
char	etc	15	예비

표 7-3. 레이더 강수량(HSP) 자료에 대한 RDR_CMP_HEAD 헤더

자료형	변수명	크기(bytes)	설명
char	stn_cd	6	레이더 지점코드
struct TIME_SS	_tm	7	레이더 관측시각
struct TIME_SS	_tm_in	7	레이더 자료 생성시각

표 7-4. 레이더 강수량(HSP) 자료에 대한 RDR_CMP_STN_LIST 헤더

bin.gz 형식의 강수량 자료를 읽는 과정은 함수(read_hsp_bin)로 정의하겠습니다.

read_hsp_bin 함수는 파일명(file)과 변수명(varname)을 매개변수로 입력받아 격자 정보와 입력받은 변수명에 대한 자료로 구성된 딕셔너리를 반환합니다.

먼저 파일 존재 여부를 확인하고, 자료 헤더(RDR_CMP_HEAD, RDR_CMP_STN _LIST)를 읽습니다. 강수량(echo_1D), 고도정보(topo_1D), 지점정보(site_1D)를 순서대로 1차원 배열로 읽은 후, 변수명에 따라 레이더 관측 영역 밖의 자료에 해당하는 -30,000을 nan 값으로 할당하여 scale factor를 적용합니다. 1차원 배열을 2차원 배열로 변환하고, 딕셔너리 data를 생성 및 반환합니다. 기상청 기상레이더센터에서 레이더 자료를 이용하여 bin.gz 형식으로 저장하는 산출물들은 모두 동일한 구조로 생산되므로 read_hsp_bin 함수를 활용할 수 있습니다.

```python
# 강수량 자료 읽는 함수(파일 형식: bin.gz)
def read_hsp_bin(file, varname):

    # 파일 존재 여부 확인
    try:
        status = open(file, 'r') # 파일 열기
    except:
        print('[Error] Open: ', file) # 에러 발생 시 출력
        sys.exit(2) # 프로그램 종료(2는 비정상 종료를 의미함)
    else:
        print('[Log] Open: ', file) # 에러가 없는 경우 출력
        status.close() # 파일 닫기

    # 바이트를 디코딩(decoding)하여 아스크코드로 변환하는 함수
    # ord(표 7-5), Str.decode(표 7-6) 설명 참고
    def bin2str(binary):
        return [ord(c) for c in binary.decode('ascii')]

    # 시간 문자열을 datetime.datetime() 형식으로 반환하는 함수
    # file.read(표 7-7), np.frombuffer(표 7-8) 설명 참고
    def timestr2dt(file):
        # 시간에 대한 구조체 읽기(TIME_SS: 7 bytes)
```

```python
        yy = np.frombuffer(file.read(2), dtype=np.int16)[0]
        mm = ord(file.read(1))
        dd = ord(file.read(1))
        hh = ord(file.read(1))
        mi = ord(file.read(1))
        ss = ord(file.read(1))
        try:
            # datetime.datetime 형식으로 변경
            return datetime.datetime(yy,mm,dd,hh,mi,ss)
        except:
            return -1


# gzip 모듈 open() 함수를 이용하여 자료 읽음
# gzip.open(표 7-9) 설명 참고
with gzip.open(file,'rb') as f:
    # 자료 헤더 읽기(RDR_CMP_HEAD: 64 bytes)
    version = ord(f.read(1))
    ptype = np.frombuffer(f.read(2), dtype=np.int16)[0]
    tm = timestr2dt(f)
    tm_in = timestr2dt(f)
    num_stn  = ord(f.read(1))
    map_code = ord(f.read(1))
    map_etc  = ord(f.read(1))
    nx  = np.frombuffer(f.read(2), dtype=np.int16)[0]
    ny  = np.frombuffer(f.read(2), dtype=np.int16)[0]
    nz  = np.frombuffer(f.read(2), dtype=np.int16)[0]
    dxy = np.frombuffer(f.read(2), dtype=np.int16)[0]
    dz  = np.frombuffer(f.read(2), dtype=np.int16)[0]
    z_min = np.frombuffer(f.read(2), dtype=np.int16)[0]
    num_data = ord(f.read(1))
    data_code = bin2str(f.read(16))
    etc = bin2str(f.read(15))

    # 자료 헤더 읽기(RDR_CMP_STN_LIST: 20 bytes*48)
    for ii in range(48):
        # RDR_CMP_STN LIST(20 bytes)
        stn_cd = bin2str(f.read(6))
        _tm    = timestr2dt(f)
```

```python
        _tm_in = timestr2dt(f)

    # 강수량, 고도정보, 지점정보를 1차원 배열로 읽음
    echo_1D = np.frombuffer(f.read(2*nx*ny),
                dtype=np.int16)
    topo_1D = np.frombuffer(f.read(2*nx*ny),
                dtype=np.int16)
    site_1D = np.frombuffer(f.read(2*nx*ny),
                dtype=np.int16)

# 관측영역 밖 자료 nan 값 할당 및 scale factor 곱하기
if (varname == 'rain'):
    echo_1D = np.where(echo_1D==-30000, np.nan, \
        echo_1D)
    _data = echo_1D * 0.01
elif (varname == 'topo'):
    topo_1D = np.where(topo_1D==-30000, np.nan, \
        topo_1D)
    _data = topo_1D * 0.001
elif (varname == 'stn'):
    site_1D = np.where(site_1D==-30000, np.nan, \
        site_1D)
    _data = site_1D

# 1차원 배열을 2차원 배열(ny, nx)로 변환
_data = _data.copy().reshape(ny, nx)

# 딕셔너리(dictionary) 생성
data = {}

data['nx'] = nx
data['ny'] = ny
data['dxy'] = dxy/1000. # [km]
data[varname] = _data

return data
```

형식
ord([character])

매개변수	설정하는 특성
[character]	아스키코드로 변환하고자 하는 문자열

표 7-5. 문자열을 아스키코드로 변환하는 ord() 함수

형식		
[Str].decode(encoding=[encoding], …)		
매개변수	설정하는 특성	옵션
[Str]	문자열로 반환하고자 하는 바이트열	없음
encoding	인코딩 종류 지정	utf-8, utf-16, enc-kr, ascii 등

표 7-6. 바이트를 디코딩하여 문자열로 반환하는 decode() 함수

형식		
[file].read([size])		
매개변수	설정하는 특성	옵션
[file]	읽고자 하는 파일 객체	없음
[size]	파일에서 읽고자 하는 바이트 수	size를 설정하지 않으면 파일 내용 전체를 읽음

표 7-7. 파일 내용을 읽고 문자열(텍스트 파일)이나
바이트열(바이너리 파일)로 반환하는 read() 함수

형식		
np.frombuffer([buffer], dtype=[dtype], …)		
매개변수	설정하는 특성	옵션
[buffer]	바이너리 값	없음
dtype	반환되는 배열의 자료유형	기본 값은 float임

표 7-8. 버퍼에 있는 데이터를 1차원 배열로 만들어 주는 np.frombuffer() 함수

형식		
gzip.open([filename], mode=[mode])		
매개변수	설정하는 특성	옵션
[filename]	파일명	없음
mode	파일 처리 모드	바이너리: 'r', 'rb', 'a', 'ab', 'w', 'wb', 'x', 'wb' 텍스트: 'rt', 'at' 'wt', 'xt' 기본 값은 'rb'임

표 7-9. gzip으로 압축된 파일을 열고, 파일 객체를 반환하는 gzip.open() 함수

앞서 정의한 함수(read_hsp_bin)를 이용하여 기록적인 폭우가 내렸던 2022년 8월 8일 1730 KST 사례의 강수량 자료를 읽어 보겠습니다. 파일명(file)과 변수명(varname='rain')을 정의한 후, read_hsp_bin 함수에 매개변수로 입력하고 반환된 딕셔너리를 hsp로 정의합니다. 딕셔너리 hsp를 확인해 보겠습니다. 키(key)는 'nx', 'ny', 'dxy'를 넣어 강수량 자료의 x축 격자 개수(2305), y축 격자 개수(2881), 격자 크기(0.5km)를 출력합니다.

```python
# 파일 읽기 예시
fpath = './DATA/'  # 디렉토리 설정 필요
file = fpath + 'RDR_CMP_HSP_EXT_202208081730.bin.gz'
varname = 'rain'
hsp = read_hsp_bin(file, varname)

print(hsp.keys())
print(hsp['nx'])
print(hsp['ny'])
print(hsp['dxy'])
```

```
[Log] Open: ./DATA/RDR_CMP_HSP_EXT_202208081730.bin.gz
dict_keys(['nx', 'ny', 'dxy', 'rain'])
2305
2881
0.5
```

7-1-2. 레이더 바람장 자료 읽기

레이더 3차원 바람장(Wind Synthesis System using DOppler Measurements, WISSDOM) 자료는 기상레이더 관측변수(시선속도)와 모델자료를 이용하여 변분법(variational method)을 기반으로 산출되며 netCDF 형식으로 저장되고 있습니다. netCDF 형식의 레이더 3차원 바람장 자료를 읽기 위한 과정은 함수(read_wissdom_nc)로 정의하겠습니다[5]. read_wissdom_nc 함수는 파일명(file), 변수명(varname), 특정 고도 자료 추출 유무(is_level), 고도 정보(level, m 단위로 설정)를 매개변수로 입력받습니다.

먼저, 파일 존재 여부를 확인하고, 차원 정보(x축 격자 수: nx, y 축 격자 수: ny, z축 격자 수: nz)를 읽습니다. 전역 속성(global attributes)인 레이더 관측 영역 밖 자료(data_out), offset(data_minus), scale factor(data_scale), 격자 크기(grid_size) 정보와 지도 중심 x축, y축 격자(map_sx, map_sy), 중심 위경도(map_slon, map_slat) 정보를 읽습니다. 3차원 자료이므로 고도 정보(height)를 읽은 후, 입력받은 변수명에 따라 3차원 자료를 읽고 관측 영역 밖 자료(data_out)에 nan 값을 할당합니다. offset과 scale factor를 적용한 후, 딕셔너리를 생성 및 반환합니다. 특정 고도 자료를 추출하는 경우(is_level=True), 격자 정보('nx', 'ny', 'dxy')와 변수명(varname)에 대한 특정 고도에서의 자료인 2차원 배열로 구성된 딕셔너리 data를 반환합니다. 특정 고도 자료를 추출하지 않는 경우(is_level=False), 격자 정보('nx', 'ny', 'nz', 'dxy'), 고도 정보('height'), 변수명(varname)에 대한 3차원 배열로 구성된 딕셔너리 data를 반환합니다.

---

5)   3차원 바람장 자료를 읽기 위한 read_wissdom_nc() 함수는 기상레이더센터 박소연 연구원과의 공동 작업 결과물입니다.

```python
# 바람장(WISSDOM) 자료 읽는 함수(파일 형식: netCDF)
def read_wissdom_nc(file, varname, is_level, level):

    # 파일 존재 여부 확인
    try:
        status = open(file, 'r') # 파일 열기
    except:
        print ('[Error] Open: ', file) # 에러 발생 시 출력
        sys.exit(2) # 프로그램 종료(2는 비정상 종료를 의미함)
    else:
        print ('[Log] Open: ', file) # 에러가 없는 경우 출력
        status.close() # 파일 닫기


    f = Dataset(file) # 파일 열기

    # 차원(dimensions) 정보 읽기
    # f.dimensions(표 7-10) 설명 참고
    nx = f.dimensions['nx'].size # 960
    ny = f.dimensions['ny'].size # 960
    nz = f.dimensions['nz'].size # 56


    # 전역 속성(global attributes) 정보 읽기
    # f.getncattr(표 7-11) 설명 참고
    data_out = int(f.getncattr('data_out'))
    data_minus = float(f.getncattr('data_minus'))
    data_scale = float(f.getncattr('data_scale'))
    grid_size = float(f.getncattr('grid_size')) # dxy
    sx = int(f.getncattr('map_sx'))
    sy = int(f.getncattr('map_sy'))
    cen_lon = float(f.getncattr('map_slon'))
    cen_lat = float(f.getncattr('map_slat'))

    # 입력 변수명에 대한 변수(variables) 읽기
    # f.variables(표 7-12) 설명 참고
    height = f.variables['height'][:]
    if varname == 'u' :
        _data = f.variables['u_component'][:,:,:]
    elif varname == 'v' :
```

```python
        _data = f.variables['v_component'][:,:,:]
    elif varname == 'w' :
        _data = f.variables['w_component'][:,:,:]
    elif varname == 'div' :
        _data = f.variables['divergence'][:,:,:]
    elif varname == 'ref' :
        _data = f.variables['reflectivity'][:,:,:]
    elif varname == 'vort' :
        _data = f.variables['vertical_vorticity'][:,:,:]
    elif varname == 'vt' :
        _data = f.variables['vertical_velocity'][:,:,:]
    else :
        print("there is no fieldname !!!")

    f.close() # 파일 닫기

    # 관측 영역 밖 자료 nan 값 할당
    _data = np.where(_data==data_out, np.nan, _data)

    # offset 뺀 후 scale factor 나누기
    if varname != "div" or varname != "vort" :
        _data = (_data - data_minus) / data_scale
    else :
        _data  = np.where(_data<=0,
            pow(10, (_data-data_minus)/data_scale),
            -1*pow(10, -1*(_data-data_minus)/data_scale))

    data = {} # 딕셔너리 생성

    if is_level == True : # 특정 고도 자료 추출
        z_index = np.where(height == level) # 고도 index 추출
        print("index at the given height: ", z_index)
        data['nx'] = nx
        data['ny'] = ny
        data['dxy'] = grid_size/1000. # [km]
        data[varname] = _data[z_index[0][0],:,:] # 2차원 배열
    elif is_level == False : # 모든 고도 자료 추출
        data['nx'] = nx
```

```
        data['ny'] = ny
        data['nz'] = nz
        data['dxy'] = grid_size/1000. # [km]
        data['height'] = height
        data[varname] = _data[:,:,:] # 3차원 배열

    return data
```

형식	
[file].dimensions['dimension name']	
매개변수	**설정하는 특성**
[file]	읽고자 하는 파일 객체
'dimension name'	차원 명

표 7-10. netCDF 자료 내 차원 정보를 읽는 방법

형식	
[file].getncattr(['name'])	
매개변수	**설정하는 특성**
'name'	속성 명

표 7-11. netCDF 자료 내 변수의 속성 또는 전역 속성을 읽는 방법

형식	
[file].variables(['variable name'])	
매개변수	**설정하는 특성**
'variable name'	변수 명

표 7-12. netCDF 자료 내 변수를 읽는 방법

앞서 정의한 함수(read_wissdom_nc)를 이용하여 2022년 8월 8월 1730 KST 사례의
3차원 바람장 자료를 읽는 예시입니다. 파일명(file), 변수명(varname='u'), 특정 고도
자료 추출 여부(is_level=True), 특정 고도(level=3000)를 매개변수로 입력하며 반환된

딕셔너리를 u로 정의합니다. 키(key)는 'nx', 'ny', 'nz'를 넣어 바람장 자료의 x축 격자 개수(960), y축 격자 개수(960), 격자 크기(1.0)를 출력합니다.

```
# 파일 읽기 예시
fpath = './DATA/' # 디렉토리 설정 필요
file = fpath + 'RDR_R3D_KMA_WD_202208081730_new.nc'

u = read_wissdom_nc(file, 'u', True, 3000)

print(u.keys())
print(u['nx'])
print(u['ny'])
print(u['dxy'])
```

```
[Log] Open: ./DATA/RDR_R3D_KMA_WD_202208081730_new.nc
index at the given height: (array([35], dtype=int64),)
dict_keys(['nx', 'ny', 'dxy', 'u'])
960
960
1.0
```

7-1-3. 레이더 반사도 합성장 자료 읽기

레이더 3차원 반사도(reflectivity) 합성장 자료도 3차원 바람장 자료와 마찬가지로 netCDF 형식으로 저장되고 있습니다. NetCDF 형식의 3차원 반사도 합성장 자료를 읽기 위한 과정을 함수(read_r3d_nc)로 정의하겠습니다. read_r3d_nc 함수는 read_wissdom_nc 함수와 매우 유사하게 구성됩니다. 차이점은 변수에 대한 레이더 관측 영역 밖 자료(data_out), 관측 영역 내 최솟값(data_minus), scale factor(data_scale) 정보가 전역 속성이 아닌 변수의 속성이라는 점입니다.

먼저, 파일 존재 여부를 확인하고, 차원 정보(x축 격자 수: nx, y축 격자 수: ny, z축 격자

수: nz)를 읽습니다. 전역 속성(global attributes)인 격자 크기(grid_size) 정보와 지도 중심 x축, y축 격자(map_sx, map_sy), 중심 위경도(map_slon, map_slat) 정보를 읽은 후, 3차원 자료이므로 고도 정보(height)를 읽습니다. 3차원 자료와 변수의 속성인 레이더 관측영역 밖 자료(data_out), offset(data_minus), scale factor(data_scale)를 읽고 관측 영역 밖 자료(data_out)에 nan 값을 할당한 후, offset과 scale factor를 적용합니다. 딕셔너리를 생성 및 반환하기 위해 특정 고도 자료를 추출하는 경우(is_level=True), 격자 정보('nx', 'ny', 'dxy')와 변수명(varname)에 대한 특정 고도에서의 자료인 2차원 배열로 구성된 딕셔너리 data를 반환합니다. 특정 고도 자료를 추출하지 않는 경우(is_level=False), 격자 정보('nx', 'ny', 'nz', 'dxy'), 고도 정보('height'), 변수명(varname)에 대한 3차원 배열로 구성된 딕셔너리 data를 반환합니다.

```python
# 3차원 합성장(R3D) 자료 읽는 함수 (파일 형식: netCDF)
def read_r3d_nc(file, varname, is_level, level):

    # 파일 존재 여부 확인
    try:
        status = open(file, 'r')  # 파일 열기
    except:
        print ('[Error] Open: ', file)  # 에러 발생 시 출력
        sys.exit(2)  # 프로그램 종료(2는 비정상 종료를 의미함)
    else:
        print ('[Log] Open: ', file)  # 에러가 없는 경우 출력
        status.close()  # 파일 닫기

    f = Dataset(file)  # 파일 열기

    # 차원(dimensions) 정보 읽기
    nx = f.dimensions['nx'].size  # 2049
    ny = f.dimensions['ny'].size  # 2049
    nz = f.dimensions['nz'].size  # 210

    # 전역 속성(global attributes) 정보 읽기
    grid_size = float(f.getncattr('grid_size'))  # dxy
    sx = int(f.getncattr('map_sx'))
```

```python
    sy = int(f.getncattr('map_sy'))
    cen_lon = float(f.getncattr('map_slon'))
    cen_lat = float(f.getncattr('map_slat'))

    # 입력 변수명에 대한 변수(variables) 읽기
    height = f.variables['height'][:]
    _data = f.variables['data'][:,:,:]
    var = f.variables['data']
    data_out = int(var.getncattr('data_out'))
    data_minus = float(var.getncattr('data_minus'))
    data_scale = float(var.getncattr('data_scale'))

    f.close()  # 파일 닫기

    # 관측 영역 밖 자료 nan 값 할당
    _data = np.where(_data==data_out, np.nan, _data)

    # offset 뺀 후 scale factor 나누기
    _data = (_data - data_minus) / data_scale

    data = {}  # 딕셔너리 생성

    if is_level == True :
        z_index = np.where(height == level) # 고도 index 추출
        print("index at the given height: ", z_index)

        data['nx'] = nx
        data['ny'] = ny
        data['dxy'] = grid_size/1000. # [km]
        data[varname] = _data[z_index[0][0],:,:] # 2차원 배열
    elif is_level == False :
        data['nx'] = nx
        data['ny'] = ny
        data['nz'] = nz
        data['dxy'] = grid_size/1000. # [km]
        data['height'] = height
        data[varname] = _data[:,:,:] # 3차원 배열

    return data
```

다음은 read_r3d_nc를 이용하여 2022년 7월 11일 0120 KST 사례의 3차원 반사도 합성장 자료를 읽는 예시입니다. 파일명(file), 변수명(varname='CZ'), 특정 고도 자료 추출 여부(is_level=True), 특정 고도(level=1450)를 매개변수로 입력하여 반환된 딕셔너리를 cz로 정의합니다. 딕셔너리 cz로부터 반사도 합성장의 격자정보('nx', 'ny', 'dxy')도 확인해 봅니다.

```
# 파일 읽기 예시
fpath = './DATA/' # 디렉토리 설정 필요
file = fpath + 'RDR_R3D_EXT_CZ_202207110120_new.nc'

cz = read_r3d_nc(file, 'CZ', True, 1450)
print(cz.keys())
print(cz['nx'])
print(cz['ny'])
print(cz['dxy'])
```

```
[Log] Open: ./DATA/RDR_R3D_EXT_CZ_202207110120_new.nc
index at the given height: (array([14], dtype=int64),)
dict_keys(['nx', 'ny', 'dxy', 'CZ'])
2049
2049
0.5
```

7-2. 좌표변환 하기

다양한 기상 요소를 지도에 표출하기 위해서는 지도 투영법(map projection)에 대한 이해가 필요합니다. 레이더 산출물은 공통적으로 람베르트 정각원추도법(Lambert conformal conic projection)으로 투영되어 격자 단위로 저장됩니다. 이러한 자료를 지도상에 표출하거나 특정 위경도에서의 변수 값을 추출하기 위해서는 좌표변환이 필요합니다. 좌표변환을 위해 필요한 모듈은 다음과 같습니다. 본 절에서 정의한 좌표변환 함수는 기상청 격자 자료를 위경도로 변환하는 내용이 정리된 github를 참고하여 작업하

였습니다[6].

```
# 필요한 모듈 가져오기
import math
from math import asin, sin, cos, tan, log
```

좌표변환을 설명하기에 앞서 레이더 산출물(강수량, 3차원 바람장, 3차원 반사도 합성장)에 대한 지도 투영법 및 지도 영역을 표 7-13과 같이 정리하였습니다. 공통적으로 람베르트 정각원추도법을 사용하며, 지구반경은 중위도 평균인 6371.00877km, 표준 위도는 30°와 60°입니다. 산출물 별로 기준 위경도인 38.0°와 126.0°에 대해 1km 간격 격자 기준으로 기준점의 x좌표와 y좌표가 주어지고, x축 격자 수와 y축 격자 수에 의해 지도 영역이 결정됩니다. 각 지도 영역은 지도 코드를 부여하여 구분하고 있습니다(강수량: HB, 바람장: HW, 반사도: HR). 주의할 점은 표 7-13에서 제시한 값은 지도 영역에 대한 값으로 자료에 대한 값이 아닙니다. 이는 좌표변환 예시와 함께 살펴볼 것입니다.

레이더 산출물 지도투영법					
지구반경		6371.00877km			
표준 위도1/표준위도2		30.0°/60.0°			
기준점 위/경도		38.0°/126.0°			
산출물	지도 코드	x축 격자수	y축 격자수	기준점 x좌표	기준점 y좌표
강수량	HB	1152	1440	560	840
바람장	HW	960	960	440	700
반사도	HR	1024	1024	440	770

표 7-13. 레이더 산출물별 지도 투영법 및 지도 영역

좌표변환을 위해 레이더 산출물별 기준 격자점(self.xo, self.yo)과 격자 크기(self.grid)에 따라 위경도 값을 격자값(latlonToGrid)으로, 격자값을 위경도(gridToLatlon)로 변환

---

6)   https://gist.github.com/fronteer-kr/14d7f779d52a21ac2f16

하는 메소드(method)를 포함한 클래스(Lcc_proj)를 정의하였습니다. __init__ 메소드
는 좌표변환에 필요한 표 7-13에 제시된 값들을 초기화합니다.

```
# 좌표변환(위경도 to x, y 또는 x, y to 위경도)을 위한 클래스 생성
# 지도투영법: Lambert conformal conic projection
class Lcc_proj():

    # 좌표변환에 필요한 변수(표 7-13) 초기화(initialization)
    def __init__(self, map_code: str, grid_size: float):
        self.Re = 6371.00877  # 지구 반경[km]
        self.grid = grid_size # 격자 크기[km]
        self.slat1 = 30.0 # 표준위도 1[degree]
        self.slat2 = 60.0 # 표준위도 2[degree]
        self.olon = 126.0 # 기준점 경도[degree]
        self.olat = 38.0  # 기준점 위도[degree]

        if map_code == 'HB' : # 강수량 자료
            print("map_code: HB, gridsize: "+ \
                str(grid_size))
            self.xo = 560 / self.grid # HB 영역 기준점 x좌표
            self.yo = 840 / self.grid # HB 영역 기준점 y좌표
        elif map_code == 'HW' : # 바람장 자료
            print("map_code: HW, gridsize: "+ \
                str(grid_size))
            self.xo = 440 / self.grid # HW 영역 기준점 x좌표
            self.yo = 700 / self.grid # HW 영역 기준점 y좌표
        elif map_code == 'HR' : # 반사도 자료
            print("map_code: HR, gridsize: "+ \
                str(grid_size))
            self.xo = 440 / self.grid # HR 영역 기준점 x좌표
            self.yo = 770 / self.grid # HR 영역 기준점 x좌표
        else:
            print("There is no map_code !!!") # 지도코드 없음

        self.PI = asin(1.0) * 2.0
        # 디그리(degree)를 라디안(radian)으로 변환
        self.DEGRAD = self.PI / 180.0
```

```python
    # 라디안(radian)을 디그리(degree)로 변환
    self.RADDEG = 180.0 / self.PI

    self.re = self.Re / self.grid  # 격자 크기 기준으로 설정
    self.slat1 = self.slat1 * self.DEGRAD
    self.slat2 = self.slat2 * self.DEGRAD
    self.olon = self.olon * self.DEGRAD
    self.olat = self.olat * self.DEGRAD

    self.sn = tan(self.PI * 0.25 + self.slat2 * 0.5)/ \
              tan(self.PI * 0.25 + self.slat1 * 0.5)
    self.sn = log(cos(self.slat1) / cos(self.slat2))/ \
              log(self.sn)
    self.sf = tan(self.PI * 0.25 + self.slat1 * 0.5)
    self.sf = pow(self.sf, self.sn) * cos(self.slat1)/\
              self.sn
    self.ro = tan(self.PI * 0.25 + self.olat * 0.5)
    self.ro = self.re*self.sf / pow(self.ro, self.sn)

# 위경도를 (x, y) 격자점으로 바꾸는 함수
def latlonToGrid(self, lat, lon):
    ra = math.tan(self.PI*0.25 + lat * self.DEGRAD*0.5)
    ra = self.re * self.sf / pow(ra, self.sn)
    theta = lon * self.DEGRAD - self.olon
    if theta > self.PI :
        theta -= 2.0 * self.PI
    if theta < -self.PI :
        theta += 2.0 * self.PI
    theta *= self.sn
    x = (ra * math.sin(theta)) + self.xo
    y = (self.ro - ra * math.cos(theta)) + self.yo

    x = int(x + 0.5)
    y = int(y + 0.5)

    return x, y

# (x, y) 격자점을 위경도로 바꾸는 함수
```

```
def gridToLatlon(self, x, y):
    xn = x - self.xo
    yn = self.ro - y + self.yo
    ra = math.sqrt(xn * xn + yn * yn)
    if self.sn < 0.0 :
        ra = -ra
    alat = math.pow((self.re*self.sf/ra), \
        (1.0/self.sn))
    alat = 2.0 * math.atan(alat) - self.PI * 0.5
    if math.fabs(xn) <= 0.0 :
        theta = 0.0
    else :
        if math.fabs(yn) <= 0.0 :
            theta = self.PI * 0.5
            if xn < 0.0 :
                theta = -theta
        else :
            theta = math.atan2(xn, yn)
    alon = theta / self.sn + self.olon
    lat = alat * self.RADDEG
    lon = alon * self.RADDEG

    return lat, lon
```

강수량 자료에 대해 좌표변환을 해 보겠습니다. 강수량 자료의 지도 코드("HB")와 격자 크기(0.5km)를 매개변수로 하여 map이라는 객체를 만듭니다. 기준점 위경도를 Lcc_proj 메소드인 latlonToGrid()에 매개변수로 입력하여 0.5km 격자 크기에 대한 기준점 x좌표, y좌표를 출력합니다. 기준점 x좌표와 y좌표가 표 7-13에 제시된 값의 2배인 것을 확인할 수 있습니다. 표 7-13의 값은 1.0km 격자 기준이므로 0.5km 간격의 강수량 자료에 대한 기준점 좌표는 (1120, 1680)입니다. 다시 기준점 x좌표, y좌표(1120, 1680)를 Lcc_proj 메소드인 gridToLatlon()에 매개변수로 입력하여 기준점 위경도인 38°, 126°가 출력되는지 확인합니다. map이라는 객체를 만들 때 1km를 격자 크기로 설정(grid_size=1.0)하면, 표 7-13의 값과 동일한 값을 확인할 수 있습니다.

```
# 강수량 자료에 대한 좌표변환 예시
map = Lcc_proj("HB", 0.5)
x, y = map.latlonToGrid(38.0, 126.0)
print(x, y)
lat, lon = map.gridToLatlon(1120, 1680)
print(lat, lon)

map = Lcc_proj("HB", 1.0)
x, y = map.latlonToGrid(38.0, 126.0)
print(x, y)

lat, lon = map.gridToLatlon(560, 840)
print(lat, lon)
```

```
map_code: HB, gridsize: 0.5
1120 1680
38.0 126.0
map_code: HB, gridsize: 1.0
560 840
38.0 126.0
```

3차원 바람장 자료에 대해 좌표변환을 해 보겠습니다. 바람장 자료의 지도 코드("HW")
와 격자 크기(1.0km)를 매개변수로 하여 map이라는 객체를 만듭니다. 기준점 위경
도 38°, 126°를 Lcc_proj 메소드인 latlonToGrid()에 매개변수로 입력하여 기준점 x좌
표, y좌표를 출력합니다. 다시 기준점 x좌표, y좌표인 (440, 700)을 Lcc_proj 메소드인
gridToLatlon()에 매개변수로 입력하면 기준점 위경도 38°, 126°가 출력됩니다.

```
# 바람장 자료에 대한 좌표변환 예시
map = Lcc_proj("HW", 1.0)
x, y = map.latlonToGrid(38.0, 126.0)
print(x, y)

lat, lon = map.gridToLatlon(440, 700)
print(lat, lon)
```

3차원 반사도 합성장 자료에 대해서도 좌표변환을 해 보겠습니다. 반사도 자료의 지도 코드("HR"), 격자크기(0.5km)를 매개변수로 하여 map이라는 객체를 만들고, 기준점 위경도 38°, 126°에 대해 Lcc_proj 메소드인 latlonToGrid()를 이용하여 기준점 x좌표, y좌표를 출력합니다. 다시 기준점 x좌표, y좌표에 해당하는 (880, 1540)에 대해 Lcc_proj 메소드인 gridToLatlon()을 이용하여 기준점의 위경도인 38°, 126°를 출력합니다.

```
# 반사도 자료에 대한 좌표변환 예시
map = Lcc_proj("HR", 0.5)
x, y = map.latlonToGrid(38.0, 126.0)
print(x, y)

lat, lon = map.gridToLatlon(880, 1540)
print(lat, lon)
```

```
map_code: HR, gridsize: 0.5
880 1540
38.0 126.0
```

7-3. 사용자 정의 색상표 만들기

레이더 자료를 이용하여 다양한 산출물들이 생산되며 앞선 절에서 해당 산출물을 읽는 방법을 알아보았습니다. 다양한 산출물 자료를 읽은 후 표출하는 과정에서 변수별 색상 표(colorbar)가 필요합니다. 본 절에서는 변수마다 사용자 정의 색상표를 생성하는 방법에 대해 알아보겠습니다. 색상표 생성에 필요한 모듈은 다음과 같습니다.

```
# 필요한 모듈 가져오기
import numpy as np
from matplotlib import colors
```

색상표의 RGB 값을 포함한 텍스트 파일을 만듭니다. 첫번째 열은 R, 두번째 열은 G, 세 번째 열은 B 값을 의미하며, RGB 값은 색상표 눈금의 최솟값에 해당하는 값부터 저장합니다. 예시는 반사도 색상표의 RGB 값에 대한 텍스트 파일입니다. 파일명은 color_rdr_{변수명}.rgb로 생성합니다.

```
250    250    250
135    217    255
62     193    255
7      171    255
0      141    222
⋮
중략
⋮
128    129    199
76     78     177
31     33     157
0      3      144
51     51     51
```

사용자 정의 색상표는 변수명(varname)을 매개변수로 입력 받는 함수(custom_colormap)로 정의하겠습니다[7]. 변수명에 따라 RGB 값을 포함한 파일의 경로(rgb_path)에서 color_rdr_{변수명}.rgb 파일에 저장된 RGB 값을 읽습니다. 딕셔너리 cdict가 'red', 'green', 'blue'라는 키를 가지도록 초기화한 후, 특정 색에 대해 0~1 사이의 값을 가지도록 정규화된 값을 (x, y0, y1) 형태로 저장합니다. x 값은 색상표에서의 위치(position), y0, y1 값은 RGB 값에 해당합니다. RGB 값에 대한 정보를 포함하는 딕셔너리 cdict를 이용하여 선형 보간을 위한 클래스(colors.LinearSegmentedColormap)를 통해 색상표 객체 cmap을 생성합니다. colors.LinearSegmentedColormap은 x[i]와 x[i+1] 사이의 값 z에 대해 y1[i]와 y0[i+1]를 선형 내삽한 값을 반환하는 역할을 합니다. 눈금(level), 긴 변수명(long_name), 단위(unit) 등을 정의한 후, 최종적으로는 색상표 정보를 포함한 딕

---

7) 사용자 정의 색상표를 만들기 위한 custom_colormap() 함수는 기상레이더센터 박소연 연구원과의 공동작업 결과물입니다.

셔너리 dict_cmap를 생성하여 변환합니다. 딕셔너리 dict_cmap의 'norm' 값은 colors. BounaryNorm 클래스를 이용하여 얻어진 불연속적인 간격의 색상표 인덱스(index)입니다. 딕셔너리 dict_cmap은 색상표의 눈금('ticks'), 최솟값('vmin'), 최댓값('vmax'), 긴 변수명('long_name'), 단위('unit') 등을 포함합니다.

```python
# 사용자 정의 색상표(colorbar)를 만드는 함수
def custom_colormap(varname):

    # RGB 값이 저장된 파일 위치
    rgb_path = './RES/'

    # RGB 값이 저장된 파일명
    if varname=="CZ" :
        colrfile = rgb_path + 'color_rdr_DZ.rgb'
    elif varname=="rain":
        colrfile = rgb_path + 'color_rdr_echo.rgb'
    elif varname=="u" or varname=="U" :
        colrfile = rgb_path + 'color_rdr_U.rgb'
    else :
        print('there is no field type !!!')

    # RGB 값 파일명 출력
    print('RGB file: ', colrfile)

    # RGB 값이 저장된 파일 읽기
    red   = np.genfromtxt(colrfile, usecols=0, dtype='int')
    green = np.genfromtxt(colrfile, usecols=1, dtype='int')
    blue  = np.genfromtxt(colrfile, usecols=2, dtype='int')

    # RGB 값이 0~1 사이 값을 가지도록 정규화(normalization)
    cdict = {'red':[],'green':[],'blue':[]} # 딕셔너리 초기화
    position = np.linspace(0,1,len(red))
    for pos, color in zip(position, red) :
        cdict['red'].append((pos, color/256., \
            color/256.))
    for pos, color in zip(position, green) :
```

```python
        cdict['green'].append((pos, color/256., \
            color/256.))
    for pos, color in zip(position, blue) :
        cdict['blue'].append((pos, color/256., \
            color/256.))

    # 선형 보간을 통한 색상표 객체(cmap) 생성,
    # 눈금(level), 긴 변수명(long_name), 단위(unit) 설정
    # colors.LinearSegmentedColormap(표 7-14) 설명 참고
    if varname=="CZ":
        cmap=colors.LinearSegmentedColormap(
            'DZ', cdict, len(red))
        level = [-80,-20,-10,-5,0,5,10,12,14,16,18,20,22,\
            24,26,28,30,32,34,36,38,40,42,44,46,48,50,55,\
            60,65,70,80,100]
        long_name = 'Reflectivity'
        unit = '[dBZ]'
    elif varname == "rain":
        cmap=colors.LinearSegmentedColormap(
            'RN', cdict, len(red))
        level = [-300,0.01,0.1,0.5,1.0,2.0,3.0,4.0,5.0,\
            6.0,7.0,8.0,9.0,10.0,15.0,20.0,25.0,30.0,  \
            40.0,50.0,60.0,70.0,90.0,110.0,150.0,200.0]
        long_name = 'Rainrate'
        unit = r'[mm $h^{-1}$]'
    elif varname=='u' or varname =='U' :
        cmap=colors.LinearSegmentedColormap(
            'U', cdict, len(red))
        level = [-60,-30,-15,-10,-8,-6,-4,-2,0.0, \
            2,4,6,8,10,15,30,60]
        long_name = 'Wind speed(U)'
        unit = '[m/s]'
    else :
        print('there is no field type !!!')

    # 색상표 딕셔너리 초기화 및 생성
    # colors.BoundaryNorm(표 7-15) 설명 참고
    dict_cmap = {}
```

```
dict_cmap['cmap'] = cmap
dict_cmap['norm'] = colors.BoundaryNorm(level, \
                            ncolors=len(level))
dict_cmap['ticks'] = level[1:-1]
dict_cmap['vmin']  = level[1]
dict_cmap['vmax']  = level[-1]
dict_cmap['long_name'] = long_name
dict_cmap['unit'] = unit

return dict_cmap
```

형식	
colors.LinearSegmentedColormap([name], [segmentdata], N=[N])	
매개변수	설정하는 특성
[name]	색상표 명
[segmentdata]	RGB 값을 포함한 딕셔너리
N	RGB 값 개수

표 7-14. 선형 보간을 통해 색상표(colorbar) 객체를 생성하는 클래스(class)

형식	
colors.BoundaryNorm([boundaries], ncolors=[ncolors], …)	
매개변수	설정하는 특성
[boundaries]	색상표에 매칭되는 눈금
ncolors	색상표의 색상 수

표 7-15. 불연속적인 간격으로 색상표의 인덱스(index)를 생성하는 클래스(class)

custom_colormap 함수를 이용하여 강수량 값에 대한 색상표 정보(varname='rain')
를 출력해 봅니다. 'long_name'과 'unit'은 그림 표출 시 타이틀을 삽입하는 데 사용합
니다(7-4절 참고).

```
# 강수량 색상표
cmap = custom_colormap("rain")

print(cmap.keys())
print(cmap['ticks'])
print(cmap['vmin'])
print(cmap['vmax'])
print(cmap['long_name'])
print(cmap['unit'])
```

```
RGB file: ./RES/color_rdr_echo.rgb
dict_keys(['cmap', 'norm', 'ticks', 'vmin', 'vmax', 'long_name', 'unit'])
[0.01, 0.1, 0.5, 1.0, 2.0, 3.0, 4.0, 5.0, 6.0, 7.0, 8.0, 9.0, 10.0, 15.0, 20.0, 25.0,
30.0, 40.0, 50.0, 60.0, 70.0, 90.0, 110.0, 150.0]
0.01
200.0
Rainrate
[mm $h^{-1}$]
```

7-4. 레이더 자료 표출하기

강수 시스템의 구조 및 발달 과정 등을 분석하기 위해서 기상레이더 산출물 자료를 표출하는 방법에 대해 알아보겠습니다. 기상레이더 산출물을 지도상에 표출하거나 연직 단면을 표출하기 위해 필요한 모듈은 다음과 같습니다.

```python
# 필요한 모듈 가져오기
import os
# 지도상 표출에 필요한 모듈
from matplotlib import pyplot as plt
from mpl_toolkits.basemap import Basemap
# 연직 단면도 표출에 필요한 모듈
from matplotlib import pyplot as plt
import matplotlib.ticker as ticker
```

7-4-1. 레이더 자료 지도상 표출하기

레이더 산출물을 지도상에 표출하기 위해서 draw_rdr_product_basemap() 함수를 이용하여 그림을 그리는 함수(draw_rdr_product_basemap)를 정의하겠습니다.[8] 함수의 매개변수로는 시간(tm), x축 격자 수(nx), y축 격자 수(ny), 2차원 배열(data), 산출물명(product_name), 변수명(field_name), 고도 정보(level), 바람 벡터 중첩 여부(is_wind), AB 지점 표출 여부(is_AB), A 지점 위경도(A_latlon), B 지점 위경도(B_latlon)를 입력받습니다.

그림 객체를 생성하고, 산출물 종류에 따라 지도 영역에 대해 Lcc_proj의 인스턴스인 객체 map을 정의합니다. gridToLatlon()을 이용하여 격자점에서의 위경도 값(lat, lon)을 계산합니다. 지도 설정을 위해 Basemap을 이용하며, 좌측최하단 경도(llcrnrlon), 좌측최하단 위도(llcrnrlat), 우측최상단 경도(urnrnrlon), 우측최상단 위도(urcrnrlat), 기준 위도(lat_1, lat_2), 기준점 위경도(lon_0, lat_0), 지도 투영법(projection), 해상도(resolution) 값을 설정합니다. 해안선, 국경, 위경도선을 그린 후, shape 파일을 이용하여 남한 영역 행정구역을 그리고, 변수명에 따라 색상표를 정의합니다. pcolormesh를 이용하여 자료를 표출하며 colarbar를 이용하여 색상표를 표출합니다. 그림 타이틀을 생성하여 삽입하고, 연직 단면의 A, B 지점을 표출(is_AB=True)하고자 하면, A와 B 지점을 연결하는 직선과 텍스트 'A', 'B'를 삽입합니다. 바람 벡터를 중첩(is_wind=True)하고자 하면 3차원 바람장 자료에서 'u', 'v' 값을 읽고, latlonToGrid()를 이용하여 각 격자점에서의 위경도 값을 계산합니다. quiver를 이용하여 바람 벡터를 그리고 quiverkey를 이용하여 기준 벡터를 추가합니다. 생성된 그림은 savefig를 이용하여 png 파일로 저장합니다.

---

8) 레이더 산출물을 지도상에 표출하기 위한 draw_rdr_product_basemap() 함수는 기상레이더센터 박소연 연구원과의 공동작업 결과물입니다.

```python
# Basemap을 이용한 지도상 표출하기
def draw_rdr_product_basemap(tm, nx, ny, data, product_name, \
    field_name, level, is_wind, is_AB, A_latlon, B_latlon):

    # 그림 객체 생성
    fig = plt.figure(figsize=(10,10))
    ax = plt.axes()

    # 좌표변환을 위한 지도 영역 설정
    if product_name=='HSP' :
        map = Lcc_proj("HB", 0.5)
    elif product_name=='WISSDOM' :
        map = Lcc_proj("HW", 1.0)
    elif product_name=="R3D" :
        map = Lcc_proj("HR", 0.5)
    else :
        print("no product type !!!")

    # 격자점에서의 위경도 계산
    lon = np.zeros((ny, nx), float) # lon
    lat = np.zeros((ny, nx), float) # lat
    for j in range(0, ny):
        for i in range(0, nx):
            lat[j,i], lon[j,i] = map.gridToLatlon(i, j)

    # Basemap을 이용한 지도 설정 (지도 투영법: LCC)
    m = Basemap(llcrnrlon=lon[0,0], llcrnrlat=lat[0,0],
        urcrnrlon=lon[ny-1,nx-1], urcrnrlat=lat[ny-1,nx-1],
        lat_1=30., lat_2=60., lon_0=126.0, lat_0=38.0,
        projection='lcc', resolution='h')

    # 해안선, 국경, 위경도선 그리기
    m.drawcoastlines(linewidth=0.5) # 해안선
    m.drawcountries(linewidth=0.5)  # 국경
    m.drawmeridians(np.arange(120., 140., 2.), \
        labels=[False, False, False, True]) # 경도선
    m.drawparallels(np.arange(30., 60., 2.), \
        labels=[True, False, False, False]) # 위도선
```

```python
# shape 파일을 이용한 남한 영역 행정구역 그리기
# readshapefile (표 7-16) 설명 참고
shape_fn = './RES/' + \
    'shapefile/TL_SCCO_CTPRVN_WGS84_UTF8' # shape 파일명
m.readshapefile(shape_fn, 'CTPRVN', linewidth=0.4)


cmap=custom_colormap(varname=field_name)  # 색상표


# pcolormesh 이용한 자료 표출, colorbar 이용한 색상표 표출
x, y = m(lon, lat)
cs = m.pcolormesh(x, y, data,
    cmap=cmap['cmap'], norm=cmap['norm']) # 자료 표출
cb = m.colorbar(cs,
    cmap=cmap['cmap'], ticks=cmap['ticks']) # 색상표 표출
cb.set_label(cmap['unit']) # 색상표 단위 표출


# 그림 타이틀 생성
if is_wind == True :
    tit = cmap["long_name"]+cmap["unit"]+' '+ \
        tm+'(KST)'+' \n'+ \
        'wind(vector)'+'@'+str(level/1000.)+'km'
else :
    if product_name=='WISSDOM' or product_name=='R3D' :
        tit = cmap["long_name"]+cmap["unit"]+' '+ \
            '@'+str(level/1000.)+'km'+tm+'(KST)'
    else :
        tit = cmap["long_name"]+cmap["unit"]+' '+ \
            tm+'(KST)'
plt.title(tit, fontsize=14, loc='left') # 그림 타이틀 삽입


# 연직 단면의 시작점과 끝점 (A-B) 지점 그리기
if is_AB == True :
    AB_lon = [A_latlon[1], B_latlon[1]]
    AB_lat = [A_latlon[0], B_latlon[0]]
    xAB_lon, xAB_lat = m(AB_lon, AB_lat)

    # 두 지점을 연결하는 선 그리기
    m.plot(AB_lon, AB_lat, 'r^', markersize=15)
```

```
            m.plot(xAB_lon, xAB_lat, color='r', linewidth=3)

            # 두 지점에 'A'와 'B' 텍스트 삽입하기
            ax.annotate('A', (xAB_lon[0], xAB_lat[0]), \
                xytext=(5, 5), textcoords='offset points', \
                color='r', fontsize=16, weight='bold')
            ax.annotate('B', (xAB_lon[1], xAB_lat[1]), \
                xytext=(5, 5), textcoords='offset points', \
                color='r', fontsize=16, weight='bold')

    # 바람 벡터 중첩하기
    if is_wind == True :
        # 특정 고도에서의 바람장 자료 추출
        fpath = './DATA/' # 디렉토리 설정 필요
        file = fpath + 'RDR_R3D_KMA_WD_'+tm+'_new.nc'
        u = read_wissdom_nc(file, 'u', True, level) # u 성분
        v = read_wissdom_nc(file, 'v', True, level) # v 성분

        map = Lcc_proj("HW", 1.0) # 도메인 영역 설정

        # gridToLatlon을 이용한 위경도 계산하기
        nx = u['nx']
        ny = u['ny']

        lon = np.zeros((ny, nx), float) # lon
        lat = np.zeros((ny, nx), float) # lat
        for j in range(0, ny):
            for i in range(0, nx):
                lat[j,i], lon[j,i] = map.gridToLatlon(i, j)

        # quiver를 이용한 바람 벡터 그리기
        v_int = 40
        xx, yy = m(lon, lat)
        cv = m.quiver(xx[::v_int,::v_int], \
            yy[::v_int,::v_int], \
            list(u['u'][::v_int,::v_int]), \
            list(v['v'][::v_int,::v_int]),\
            pivot='mid',scale_units='inches', \
```

```
        scale=70, units='xy')

    # quiverkey를 이용한 바람장 기준 벡터 추가하기
    cvec = ax.quiverkey(cv, 0.9, 1.025, 10, \
        r'10 $ms^{-1}$', labelpos='E', labelsep=0.05)

    # 파일 이름에 바람 추가
    fn_wind= '_wUVvector'

# 이미지 파일 이름 설정 및 저장
img_path = './FIGS/'
img_fn = img_path+'RDR_%s_%s_%s_basemap%s.png' \
    %(product_name, field_name, tm, fn_wind)
print('IMG file: '+img_fn)
plt.savefig(img_fn, format='png')
plt.close()
```

형식		
readshapefile([shapefile], [name], linewidth=[linewidth])		
매개변수	설정하는 특성	옵션
[shapefile]	shape 파일명	없음
[name]	Basemap 속성명	없음
linewidth	경계선의 폭	기본값은 0.5임

표 7-16. Shape 파일을 이용하여 행정구역을 그리기 위한 readshapefile() 함수

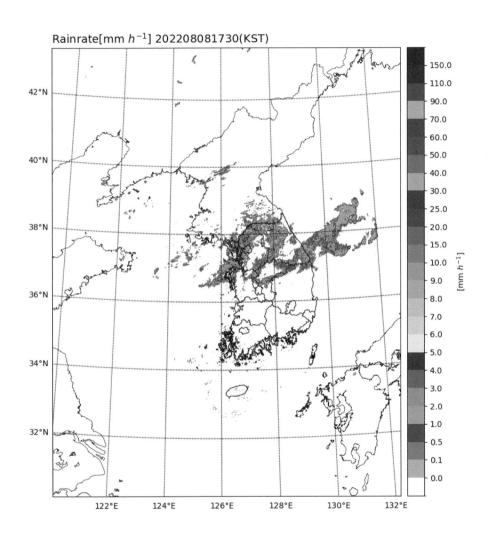

Rainrate[mm h^{-1}] 202208081730(KST)

그림 7-1. 서울 지역에 기록적인 폭우가 내렸던
집중 호우 사례(2022년 8월 8일 1730 KST)에 대한 레이더 강수량.

그림 7-1은 서울 지역에 기록적인 폭우가 내렸던 2022년 8월 8-9일 중부권 폭우 사례에 대한 레이더 강수량 분포도입니다. 그림 7-1과 같은 그림을 표출하기 위해서는 다음과 같이 read_hsp_bin() 함수를 이용하여 레이더 강수량 자료를 읽고, draw_rdr_product_basemap() 함수를 이용하여 자료를 표출합니다. 바람 벡터를 중첩하지 않고, AB 지점 또한 삽입하지 않기 위해서 is_wind와 is_AB는 모두 False로 설정하였습니다.

```python
# 강수량(HSP) 자료 표출 예시
tm = '202208081730'
fpath = './DATA/' # 디렉토리 설정 필요
file = fpath + 'RDR_CMP_HSP_EXT_'+tm+'.bin.gz'
varname = 'rain'
level = 950

hsp = read_hsp_bin(file, varname)

# 강수량 자료 표출 w/o 바람벡터
draw_rdr_product_basemap(tm, hsp['nx'], hsp['ny'], \
    hsp[varname], "HSP", varname, level, \
    False, False, [-999.0, -999.0], [-999.0, -999.0])
```

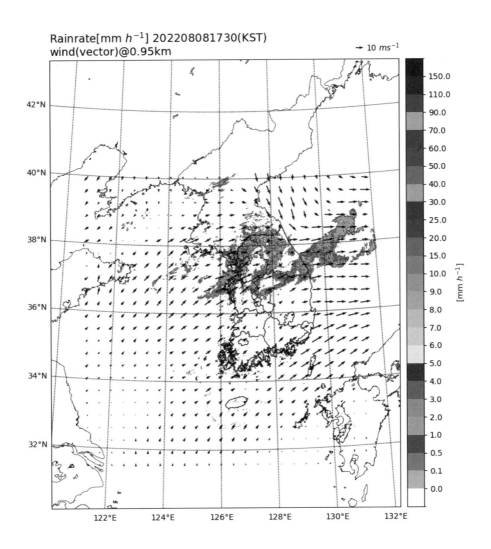

그림 7-2. 그림 7-1에 레이더 바람장을 이용하여 바람벡터를 중첩한 그림.

그림 7-2는 그림 7-1에 레이더 바람장을 이용하여 바람벡터를 중첩한 그림입니다. 바람벡터를 중첩한 강수량 그림을 그리기 위해서는 다음과 같이 is_wind를 True로 설정합니다.

```
# 강수량 자료 표출 w/ 바람벡터
draw_rdr_product_basemap(tm, hsp['nx'], hsp['ny'], \
    hsp[varname], "HSP", varname, level, \
    True, False, [-999.0, -999.0], [-999.0, -999.0])
```

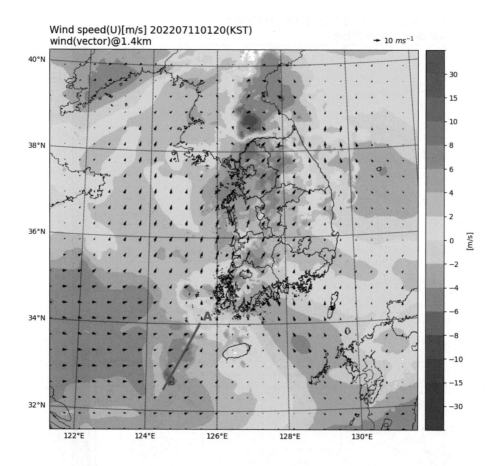

그림 7-3. 중규모 대류계 사례(2022년 7월 11일 0120 KST)에 대한 1.4km 고도에서의
동서방향 풍속(U) 및 바람벡터. A-B는 연직 단면도의 시작 지점, 끝 지점을 의미함

그림 7-3는 중규모 대류계 사례(2022년 7월 11일 0120 KST)에 대한 1.4km 고도에
서의 동서방향 풍속(U)과 바람벡터 분포도입니다. 그림 7-3과 같은 그림을 표출하기 위
해서 다음과 같이 read_wissdom_nc() 함수를 이용하여 레이더 바람장 자료를 읽고,
draw_rdr_product_basemap() 함수를 이용하여 자료를 표출합니다. A_latlon과 B_
latlon은 A와 B 지점 위경도 값으로 이루어진 배열입니다(위도, 경도 순서로 정의). 바람
벡터를 중첩하기 위해서는 is_wind를 True로 설정합니다. 연직 단면도의 시작점(A)과
끝지점(B)을 표현하기 위해서는 is_AB를 True로 설정합니다.

```
# 바람장(WISSDOM) 자료 표출 예시
tm = '202207110120'
fpath = './DATA/' # 디렉토리 설정 필요
file = fpath + 'RDR_R3D_KMA_WD_'+tm+'_new.nc'
varname = 'u'
level = 1400

wissdom = read_wissdom_nc(file, varname, True, level)

# 바람장 자료 표출 w/ 바람벡터 + A-B 지점 표출하기
A_latlon = [34.0000, 125.5000]
B_latlon = [32.5000, 124.5000]

draw_rdr_product_basemap(tm, wissdom['nx'], wissdom['ny'],\
    wissdom[varname], "WISSDOM", varname, level, \
    True, True, A_latlon, B_latlon)
```

반사도 합성장 자료에도 바람벡터를 중첩하여 표출할 수 있습니다. 연습을 위해 read_ r3d_nc() 함수를 이용하여 반사도 합성장 자료를 읽고, 바람벡터를 중첩한 반사도 자료 를 표출해 보는 것을 추천합니다.

7-4-2. 레이더 자료 연직 단면도 표출하기

레이더 산출물을 이용하여 연직 단면도를 표출하기 위해서 함수(draw_rdr_product_ cross_section)를 정의하겠습니다. 함수의 매개변수로는 시간(tm), x축과 y축 격자 크기 (dxy), 2차원 배열(data), 1차원 배열의 고도 정보(height), 산출물명(product_name), 변수명(field_name), 바람벡터 중첩 여부(is_wind), A 지점 위경도(A_latlon), B 지점 위경도(B_latlon)를 입력받습니다.

먼저 연직 단면의 시작점(A)와 끝점(B)에서의 위경도 값을 x좌표, y좌표로 변환하기 위 해 산출물명에 따라 지도 영역을 설정한 후, latlonToGrid() 메소드를 이용하여 x좌표, y

좌표(A: x1, y1, B: x2, y2)를 추출합니다. 두 점 사이의 격자점을 계산하기 앞서 두 점 사이를 몇 개의 자료로 나눌지 결정하여 length로 정의합니다. 두 점의 격자점에서 x축, y축 좌표에 대해 각각 length로 나누어 A-B 지점 사이의 격자점(xl, yl)을 추출합니다. 두 점 사이의 거리(xx)를 계산한 후 x1과 x2 값을 비교하여 연직 단면도의 x축 값(xf)을 생성합니다. x1이 x2보다 작으면 0과 xx 사이의 length개의 x축 값(xf)을 생성하고, x1이 x2보다 같거나 크면 반대 방향으로 xx과 0 사이의 length개의 x축 값(xf)을 생성합니다. 두 점 사이의 격자점인 xl과 yl을 이용하여 두 점 사이의 자료(m_data)를 추출합니다. 그림 객체를 생성한 후, x축과 y축에 대한 라벨(label)을 설정하고 변수명에 따라 색상표를 정의합니다. pcolormesh를 이용하여 자료를 표출하며 colorbar를 이용하여 색상표를 표출하고, title을 이용하여 그림 타이틀을 삽입합니다. 바람벡터를 중첩(is_wind=True)하고자 하면, 3차원 자료에서 'u', 'v' 값을 읽고, 고도 정보를 추출합니다. 지도 영역을 설정한 후, latlonToGrid() 메소드를 이용하여 바람장에 대한 x좌표, y좌표(A: x1, y1, B: x2, y2)를 추출하여 A와 B 지점의 격자점을 다시 추출합니다. 두 점 사이의 값을 추출하는 방식은 이전과 동일하나 두 점 사이의 자료 수인 length는 바람 벡터의 밀도를 조정하기 위해 재설정했습니다. 레이더 3차원 바람장 자료의 고도 간격은 가변이므로 고도별로 바람벡터 간격을 다르게 추출하여 concatenate를 이용하여 합쳐 준 후, quiver를 이용해서 바람벡터를 그리고 quiverkey를 이용하여 기준 벡터를 추가합니다. 생성된 그림은 savefig를 이용하여 png 파일로 저장합니다.

```
# 연직 단면 표출 함수
def draw_rdr_product_cross_section(tm, dxy, data, height,
    product_name, field_name, is_wind, A_latlon, B_latlon):

    # 좌표변환을 위한 지도 영역 설정
    if product_name == 'HSP' :
        map = Lcc_proj("HB", 0.5)
    elif product_name == 'WISSDOM' :
        map = Lcc_proj("HW", 1.0)
    elif product_name == "R3D" :
```

```
        map = Lcc_proj("HR", 0.5)
else :
        print("no product type !!!")

# A, B 지점 x축 격자점, y축 격자점 추출
x1, y1 = map.latlonToGrid(A_latlon[0], A_latlon[1])
x2, y2 = map.latlonToGrid(B_latlon[0], B_latlon[1])
print('Start point=>', x1, y1, ', End point=>', x2, y2)

# 두 점(A-B) 사이의 격자점(x1, y1) 계산 및 x축 값(xf) 추출
# length(x1, x2 혹은 y1, y2 사이 구간의 정밀도) 정의
length = max(np.abs(x1-x2), np.abs(y1-y2))
xl = np.linspace(x1, x2, length).astype(int) # x축 격자점
yl = np.linspace(y1, y2, length).astype(int) # y축 격자점
xx = np.sqrt((x1-x2)**2+(y1-y2)**2)*dxy # 거리
if x1 < x2 :
        xf = np.linspace(0, np.floor(xx), length) # x축 값
else :
        xf = np.linspace(np.floor(xx), 0, length) # x축 값

# 두 점(A-B) 사이의 자료 추출
m_data = data[:,yl,xl]

# 그림 객체 생성
fig = plt.figure(figsize=(10, 10))
ax = plt.axes()
plt.ylim(0.0, 10.0)

# x축, y축에 대한 라벨 설정
if x1 < x2 :
        plt.xlabel("Distance from A to B [km]", fontsize=16)
else :
        plt.xlabel("Distance from B to A [km]", fontsize=16)
plt.ylabel("Height [km]", fontsize=16)
plt.xticks(fontsize=16)
plt.yticks(fontsize=16)

cmap=custom_colormap(varname=field_name) # 색상표
```

```python
# pcolormesh 이용한 자료 표출 및 colorbar 이용한 색상표 표출
height = np.round(height*1e-3, 3)
ap = ax.pcolormesh(xf, height, m_data, \
    cmap=cmap['cmap'], norm=cmap['norm'])
cax = ax.inset_axes([1.01, 0., 0.03, 1.]) # 색상표 위치
cb = fig.colorbar(ap, cax=cax, cmap=cmap['cmap'], \
    norm=cmap['norm'], ticks=cmap['ticks']) # 색상표 표출
cb.set_label(cmap['unit'], fontsize=12) # 색상표 단위 표출

# x축과 y축에 대한 눈금 간격을 설정
ax.xaxis.set_major_locator(\
    ticker.MultipleLocator(xx/10))
ax.yaxis.set_major_locator(\
    ticker.MultipleLocator(1.0))

# 그림 타이틀 삽입
latlon_A_to_B = "A(%6.2f" % (A_latlon[1])+r'$^{o}$N'+ \
    ", "+ "%6.2f" % (A_latlon[0])+r'$^{o}$E' ") to "+ \
    "B(%6.2f" % (B_latlon[1])+r'$^{o}$N'+ \
    ", %6.2f" % (B_latlon[0])+r'$^{o}$E'+")"
tit = cmap["long_name"]+cmap["unit"]+' '+tm+'(KST)'+ \
    ' \n'+latlon_A_to_B
plt.title(tit, fontsize=14, loc='left')

# 바람 벡터 중첩
if is_wind == True :
    # 3차원 바람장 자료 추출
    fpath = './DATA/' # 디렉토리 설정 필요
    file = fpath + 'RDR_R3D_KMA_WD_'+tm+'_new.nc'
    u = read_wissdom_nc(file, 'u', False, 0) # u 성분
    v = read_wissdom_nc(file, 'v', False, 0) # v 성분
    height = np.round(u['height']*1e-3, 3) # 고도 정보
    map = Lcc_proj("HW", 1.0) # 지도 영역 설정

    # A, B 지점 x축 격자점, y축 격자점 추출
    x1, y1 = map.latlonToGrid(A_latlon[0], A_latlon[1])
    x2, y2 = map.latlonToGrid(B_latlon[0], B_latlon[1])
    print('Start point=', x1,y1, ', End point=', x2,y2)
```

```python
# 두 점(A-B) 사이의 격자점 계산 및 x축 값 추출
length = 12 # x1, x2 혹은 y1, y2 사이 구간의 정밀도
x1 = np.linspace(x1,x2,length).astype(int)# x축 격자점
y1 = np.linspace(y1,y2,length).astype(int)# y축 격자점
xx = np.sqrt((x1-x2)**2+(y1-y2)**2)*u['dxy'] # 거리
if x1 < x2 :
    xf = np.linspace(0, np.floor(xx), length)# x축 값
else :
    xf = np.linspace(np.floor(xx), 0, length)# x축 값


# 두 점(A-B) 지점 사이의 자료 추출
uu = u['u'][:,y1,x1]
vv = v['v'][:,y1,x1]


xf_2d, height_2d = np.meshgrid(xf, height)

# 특정 고도 간격으로 자료 추출
# 바람장 고도 간격은 가변이므로 고도별로 간격을 다르게 추출
slt_xf_2d = np.concatenate(
    (xf_2d[0:21:4, ::], xf_2d[21:31:2, ::], \
    xf_2d[31:46:1, ::],  xf_2d[46:56:1, ::] ) )
slt_height_2d = np.concatenate(
    (height_2d[0:21:4, ::], height_2d[21:31:2, ::],\
    height_2d[31:46:1, ::], height_2d[46:56:1, ::]))
slt_uu = np.concatenate(
    ([uu[0:21:4, ::], uu[21:31:2, ::], \
    uu[31:46:1, ::], uu[46:56:1, ::]]) )
slt_vv = np.concatenate(
    ([vv[0:21:4, ::], vv[21:31:2, ::], \
    vv[31:46:1, ::], vv[46:56:1, ::]]) )

# quiver를 이용한 바람 벡터 그리기
cv = plt.quiver(slt_xf_2d[::,1:-1:1],
    slt_height_2d[::,1:-1:1],
    slt_uu[::,1:-1:1], slt_vv[::,1:-1:1],
    pivot='mid', scale_units='inches',
    scale=80, units='xy')
```

```
    # quiverkey를 이용한 바람장 기준 벡터 추가하기
    cvec = ax.quiverkey(cv, 0.9, 1.025, 10,
        r'10 $ms^{-1}$', labelpos='E', labelsep=0.05)

# 이미지 파일 이름 설정 및 저장
img_path = './FIGS/'
img_fn = img_path+'RDR_%s_%s_%s_cross_section.png' \
    %(product_name, field_name, tm)
print('IMG file: '+img_fn)
plt.savefig(img_fn, format='png')
plt.close()
```

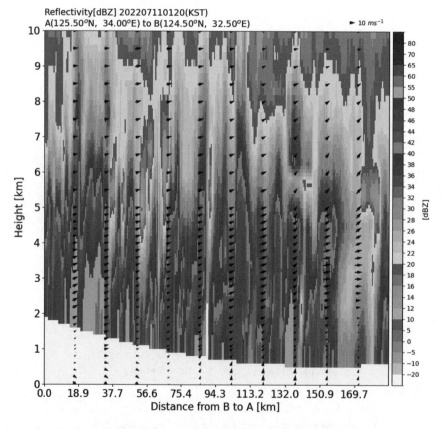

그림 7-4. 중규모 대류계 사례(2022년 7월 11일 0120 KST)에 대한 그림 7-3에 표현된
A-B 지점을 연결하는 직선에서의 반사도 연직 단면도.

그림 7-4는 그림 7-3와 동일한 시간에 대해 A-B 지점을 연결하는 직선에서의 반사도 연직 단면도입니다. 그림 7-4와 같은 그림을 표출하기 위해서 다음과 같이 read_r3d_nc() 함수를 이용하여 레이더 3차원 반사도 합성장 자료를 읽고, draw_rdr_ product_cross_ section() 함수를 이용하여 자료를 표출합니다. A_latlon과 B_latlon은 A와 B 지점 위경도 값으로 이루어진 배열입니다(위도, 경도 순서로 정의). 바람벡터를 중첩하기 위해서는 is_wind를 True로 설정합니다.

```
# 3차원 반사도 자료 표출 예시
tm = '202207110120'
fpath = './DATA/' # 디렉토리 설정 필요
file = fpath + 'RDR_R3D_EXT_CZ_'+tm+'_new.nc'
varname = 'CZ'
level = 1450

cz = read_r3d_nc(file, varname, False, level)

A_latlon = [34.0000, 125.5000]
B_latlon = [32.5000, 124.5000]

# 반사도 자료 표출 w/바람벡터
draw_rdr_product_cross_section(tm, cz['dxy'], \
    cz[varname], cz['height'], 'R3D', \
    varname, True, A_latlon, B_latlon)
```

8. 해양: 해수면 온도를 이용한 통계 분석

이선주(sjlee33@kiost.ac.kr)

바다는 지구 표면의 70% 이상을 덮고 있으며 지구의 전반적인 열 균형에 아주 중요한 역할을 합니다. 대기-해양 경계면에서 열, 수증기, 가스, 운동량 및 에너지의 동적 교환이 일어납니다. 해수면 온도(Sea Surface Temperature, SST)는 해양-대기-육지 시스템의 복잡한 상호 작용을 이해하기 위한 기본적인 해양 변수입니다. 기후 감시 및 수치 예보 모델의 경계조건으로써 지구 온난화로 인한 해수면 온도의 변화는 미래 지구의 기후와 기상 패턴을 이해하는 데 중요합니다. 본 장에서는 NOAA(National Oceanic and Atmospheric Administration, 미국 국립해양대기청)에서 제공하는 OISST(Optimum Interpolation Sea Surface Temperature)를 사용하였습니다. 자료는 https://psl.noaa. gov/thredds/catalog/Datasets/noaa.oisst.v2/catalog.html에서 다운로드 받을 수 있으며 분석에 사용한 데이터는 sst.mnmean.nc(0.25° latitude x 0.25° longitude, time은 계속 추가됨)와 land-sea mask를 위한 lsmask.nc 파일입니다.

8-1. Heatmap

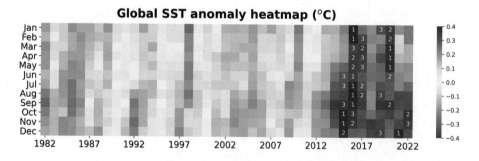

그림 8-1. OISST를 사용한 전 지구 평균 월별 해수면 온도 아노말리의 히트맵.
각 월별 1~3위 양의 해수면 온도 아노말리 연도에 순위 표시.

과학 및 연구 분야에서 데이터를 시각화하는 데 사용되는 히트맵(Heatmap)은 데이터를 쉽게 이해하고 해석하도록 도와줍니다. 히트맵은 열을 뜻하는 Heat과 지도를 뜻하는 Map을 결합시킨 단어로, 변수의 변동성을 2차원으로 시각화하는 방법입니다. 색상으로 구분된 셀을 사용하여 행렬 또는 테이블의 값을 나타내며 이를 통해 패턴, 추세 및 변수 간의 관계를 쉽게 식별할 수 있습니다. 예를 들어, 그림 8-1에서는 히트맵을 사용하여 전 지구 평균 해수면 온도 아노말리의 변화를 연도별, 월별로 나타내었습니다(X축은 연도, Y축은 월). 또한, 각 월별 아노말리에서 가장 강했던 연도를 1위부터 3위까지 표시하여 연도별 해수면 온도 변화를 쉽게 파악할 수 있습니다. 히트맵을 그리기 위해서는 먼저 데이터를 행렬 또는 테이블 형식으로 준비해야 하며 적절한 색상 맵과 축 척도를 선택해 셀의 색상을 매핑합니다. 아래는 프로그램의 진행 순서입니다.

1) 필요한 패키지 불러오기 및 해수면 온도 파일 읽기 (반복 사용)
2) 월별 해수면 온도 아노말리 계산
3) 월별 해수면 온도 아노말리 순위 구하기
4) 히트맵 그리기

a. 필요한 패키지 불러오기 및 해수면 온도 파일 읽기(반복 사용)

```
### Load Package
from netCDF4 import Dataset
import numpy as np
import pandas as pd

### Load SST data
fsst = Dataset('sst.mnmean.nc')
lon = fsst.variables['lon'][:]
lat = fsst.variables['lat'][:]
sst_ = fsst.variables['sst'][:]
time_ = np.array(pd.date_range('1982-01', '2023-03',\
                 freq = 'M').strftime('%Y%m'))
```

```
time = time_[0:np.where(time_=='202212')[0][0]+1]
sst = sst_[0:np.where(time_=='202212')[0][0]+1]

### Replace SST value
sst = np.where(sst<=0,np.nan, sst)

### Check the dimension size
nt = 2022-1982+1; _, ny, nx = sst.shape

### Land mask(land=0, sea=1)
flm = Dataset('lsmask.nc')
lsmask = flm['mask'][0,:,:]
lsm = np.stack([lsmask]*(nt*12))
sst[lsm==0] = np.nan
```

현재 배포되고 있는 OISST 자료는 1982년 1월부터 2023년 2월(2023년 3월1일 기준)까지의 기간에 대한 데이터를 포함하고 있습니다. 이 중, 1982년 1월부터 2022년 12월까지의 자료를 사용하기 위해 time array를 만들어 줍니다. time array에서 특정 날짜(여기서는 2022년 12월)의 인덱스를 np.where() 함수를 이용하여 찾은 다음, 슬라이싱을 통해 해당 기간에 대한 OISST 자료를 추출할 수 있습니다. Time array를 만들기 위하여 Pandas 라이브러리 중 date_range() 함수를 이용하여 월별 time array를 만들어 주었습니다. 파이썬은 마지막 인덱스를 포함하지 않고 (마지막-1)까지의 값을 포함하므로 2023년 2월까지의 월별 time array를 만들기 위해서는 2023년 3월까지 설정해 주어야 합니다. OISST의 원본 배열(변수 sst_)과 pandas로 만든 time array(변수 time) 배열을 비교해 보았습니다.

```
> print(sst_.shape)
 (494, 180, 360)
> print(time.shape)
 (494,)
```

형식		
pandas.date_range(start,end, periods=10, freq='M')		
매개변수	설정하는 특성	옵션
start	시작 시간	문자열
end	끝 시간	문자열
periods	기간의 수	상수
freq	기간의 빈도	문자열 'D': 일별 'W': 주별 'M': 월별 이 외에도 'H'(시간별), 'T'(분별), 'S'(초별) 여러 옵션 가능
normalize	시간대를 자정으로 변경	'True' 혹은 'False'
Name	인덱스 이름 설정	문자열
tz	시간대 설정	문자열 * import pytz를 이용하여 원하는 time zone 정보 확인 가능
closed	범위 포함 여부	'None': default 'left': end 날짜 제외 'right': start 날자 제외

표 8-1. 날짜 데이터를 생성하는 "date_range()" 함수

OISST 원본 자료의 time 배열과 시간에 대해 만들어 준 time array의 배열 수가 같음을 확인할 수 있습니다. 그다음, np.array() 함수를 사용하여 numpy 배열로 변형한 후 strftime() 함수를 사용하여 날짜 형식을 변경하는 과정을 거칩니다. strftime() 함수를 사용하면 다양한 서식으로 날짜 형식을 지정할 수 있습니다. 여기서는 '1982년 1월'을 '198201'로 표시하도록 설정하였지만, 만약 '1982-01'로 표시를 하고 싶다면 strftime('%Y-%m')으로 설정할 수 있습니다.

형식	
strftime('%Y%M')	
매개변수	**설정하는 특성**
%Y	0을 채운 10진수 표기로 4자리 년도
%y	0을 채운 10진수 표기로 2자리 년도
%m	0을 채운 10진수 표기로 2자리 월
%d	0을 채운 10진수 표기로 2자리 날짜
%H	0을 채운 10진수 표기로 2자리 시간 (24시간)
%S	0을 채운 10진수 표기로 2자리 초

표 8-2. 날짜 형식을 변환하는 "strftime()" 함수

기후 값 계산을 용이하게 하기 위하여 OISST 자료를 2022년 12월까지 슬라이싱하여 사용할 예정입니다. 이를 위해, np.where을 이용해 해당 월('202212')의 index를 찾아 내서 슬라이싱 하였습니다. 또한, 해수면 온도 데이터에 0보다 작은 값이 포함되어 있으면 잘못된 값으로 판단하여 np.nan 처리를 해 주었습니다.

그림 8-2에서도 나타나듯이 OISST 자료에는 육지에 대한 값도 포함되어 있기 때문에, Land mask자료를 사용하여 육지를 masking 해 주는 과정이 필요합니다. NOAA에서 제공하는 Land mask 자료에서 육지는 0, 해양은 1로 구분되어 있습니다. 따라서, 해수면 온도 분석 시 필요 없는 육지는 nan 처리를 해 주어야 합니다. 이를 위해 time 배열이 동일하도록 np.stack() 함수로 쌓고 육지(mask == 0)는 nan 처리를 해 주었습니다. 위의 과정은 이 챕터에서 OISST 자료를 사용할 때, 반복적으로 불러올 부분입니다.

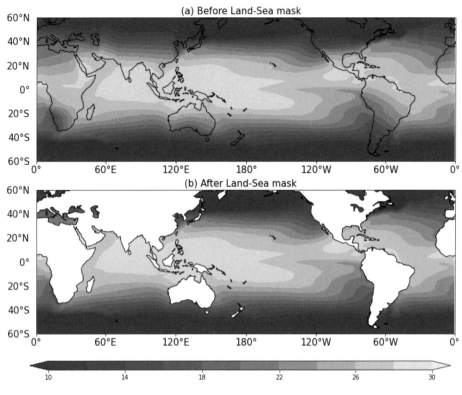

그림 8-2. Land-sea mask 적용 전(위)과 적용 후(아래).

b. 월별 해수면 온도 아노말리 계산

```
# SST monthly climatology
sstClim = np.full((12,ny,nx), np.nan)
for i in range(12):
  sstClim[i,:,:] = np.nanmean(sst[i::12,:,:][:30],0)

# SST monthly anomaly
sstAno = sst.copy()
for i in range(12):
  sstAno[i::12,:,:] = sst[i::12,:,:]-sstClim[i,:,:]

sstAno_mean = np.nanmean(sstAno,(1,2))
```

월별 해수면 온도 아노말리 계산을 위해 30년치 월별 데이터를 사용하여 기후 값을 계산합니다. 먼저, np.full() 함수를 사용하여 기후 값을 저장할 배열을 만듭니다. 그런 다음, for 루프를 사용하여 1월부터 12월까지의 기후 값을 계산합니다. 첫 번째 루프(i=0)에서는 변수 sst의 0번째(1982년 1월), 12번째(1983년 1월), 24번째(1984년 1월) 등 0번째 요소에서부터 증가 폭을 12씩 늘리면서 각 연도별 1월에 해당하는 값들을 가져옵니다. 그렇게 가져온 요소 중에서 30개만 사용하여([0:30]) nan을 제외한 평균값을 구합니다. 이렇게 1월에 대한 30년치 기후 값 계산이 완료되었습니다. 두 번째 루프(i=1) 또한 같은 방식으로 계산을 수행하여 2월에 대한 30년치 기후 값을 계산하고 이런 식으로 12월까지 계산하여 sstClim 변수에 저장합니다.

해수면 온도 아노말리를 계산하기 위해, 해수면 온도 원본 데이터와 같은 크기의 배열을 만듭니다. copy() 함수를 사용하면 기존 변수와 배열의 차원 수는 같지만 독립적인 변수를 생성할 수 있습니다. 여기서는 sst과 같은 크기를 갖는 변수 sstAno를 만들었고 복사된 sstAno의 요소가 바뀌어도 기존 변수인 sst에는 영향을 미치지 않습니다. 해수면 온도 아노말리 계산은 기후 값을 계산했던 방법과 동일한 방법으로 for 루프를 사용합니다. 첫 번째 루프(i=0)에서는 변수 sst의 0번째(1982년 1월), 12번째(1983년 1월), 24번째(1984년 1월) 등 0번째 요소에서 증가 폭을 12씩 늘리면서 1월에 대한 요소들을 가져오고 그렇게 가져온 요소들에서 1월에 대한 기후 값(sstClim[0,:,:])을 빼 주어 아노말리를 계산합니다. 계산된 아노말리를 sstClim의 0번째, 12번째 등에 저장을 해 줍니다. 이렇게 계산된 아노말리를 전체 경도와 위도에 대해서(axis= (1, 2), axis 생략 가능) 평균을 해 줍니다. 전 지구 평균값의 정확한 계산을 위해 cosine(latitude)로 가중평균을 하여야 하나 여기서는 편의상 생략합니다.

c. 월별 해수면 온도 아노말리 순위 구하기

```python
import scipy.stats as stats

# Rank
sstRank = sstAno_mean.copy()
for i in range(12):
    sstRank[i::12] = stats.rankdata(sstAno_mean[i::12]*(-1))

# Type change: float → integer
sstRank=sstRank.astype(int)

# Choose from 1st to 3rd
rankIdx= sstRank>3
sstRank= sstRank.astype(str)
sstRank[rankIdx]= ''
sstRank_re= sstRank.reshape([nt,12]).swapaxes(0,1)
```

해수면 온도 아노말리가 각 월별로 어떤 연도가 높았는지 히트맵에 표기하기 위해 순위를 확인해 보았습니다. 여기서는 SciPy 패키지의 stats 서브패키지를 활용하였습니다. 먼저, 해수면 온도 아노말리 순위를 저장할 변수를 만들고(sstRank) 순위를 계산하기 위하여 rankdata() 함수를 사용합니다. 이 함수는 각 요소의 순위를 반환하는데 값이 작을수록 높은 순위를 부여합니다. 해수면 온도 아노말리 값이 (양수로) 높을수록 높은 순위로 선정하기 위하여 -1을 곱하여 가장 값이 큰 양수 값을 가장 작은 음수 값으로 만들어 1위로 반환되도록 하였습니다. 각 월별 해수면 온도 아노말리 값을 비교하여 순위를 따지기 위하여 for 루프를 이용하여 각 월별 값에 대하여 rankdata() 함수를 사용합니다.

변수 sstRank는 sstAno_mean를 copy한 배열이기 때문에 현재 순위값이 실수형으로 들어가 있습니다. 정수로 표기하기 위하여 astype()을 사용하여 배열의 요소들을 정수로 변환하였습니다.

1위부터 3위까지만 표시를 하기 위해 우선, sstRank 배열에서 3위보다 큰 값을 가지는 위치를 찾아서 이를 rankInx 변수에 할당하였습니다. 4위부터의 값에 빈 문자열('')을 넣을 예정이므로 변수 sstRank를 문자열로 형변환한 후, rankInx 변수에서 찾은 위치에 해당하는 값을 빈 문자열을 넣어 줍니다. 히트맵은 (월, 연도)로 구성되는 2차원 맵으로 만들 예정이므로 현재 1차원 배열로 되어 있는 sstRank를 2차원으로 만들어 주어야 합니다. sstRank는 1982년 1월부터 순차적으로 값이 들어 있는데 이를 각 월과 연도별 2차원 데이터로 만들어 주기 위해서는 연도를 첫 번째 차원의 크기로, 월을 두 번째 차원의 크기로 만들어 주어야 합니다. (연도, 월)로 구성되어 있는 배열을 swapaxes() 함수를 사용하여 (월, 연도)로 배열의 축을 바꾸었습니다. 아래는 sstRank를 reshape한 예시입니다.

```
> sstRank.reshape([12,nt])
(12,41)
```

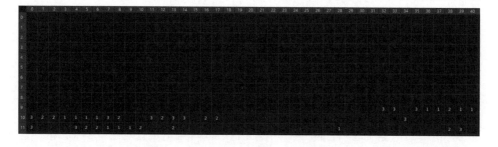

11월과 12월에 해당하는 월에 대부분의 rank가 몰려 있는 것을 확인할 수 있습니다.

```
> sstRank.reshape([nt,12]).swapaxes(0,1)
(12,41)
```

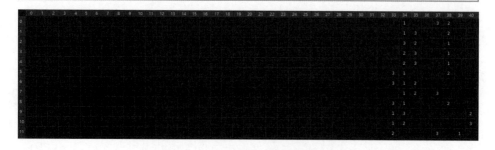

각 월별 높았던 연도의 rank를 확인할 수 있습니다.

형식		
scipy.stats.rankdata(var, method='average', axis=0, nan_policy='propagate')		
매개변수	**설정하는 특성**	**옵션**
var	순위를 매길 배열	배열
method	순위 할당 방법	문자열 'average': 동점에 대해 순위 평균값 반환 (기본 설정) 'min': 동점에 대해 순위 최솟값 반환 'max': 동점에 대해 순위 최댓값 반환
axis	순위를 매길 축	상수
nan_policy	nan 처리 방법	문자열 'propagate': nan 포함하고 계산 수행 'omit': nan 무시하고 계산 수행 'raise': nan 포함시 오류 발생

표 8-3. 데이터의 순위를 선정하는 "rankdata()" 함수

d. 히트맵 그리기

```
# Pandas pivot
mon_name = ['Jan','Feb','Mar','Apr','May','Jun','Jul',\
            'Aug','Sep','Oct','Nov','Dec']
year = [t[0:4] for t in time]
mon = [t[4:6] for t in time]

data = pd.DataFrame({'SST' : sstAno_mean})
data.insert(0,'month',mon)
data.insert(0,'year',year)

df = data.pivot('month','year','SST')
df.index = mon_name
df.columns.name = None
```

```
# Figure plot
import seaborn as sns
import matplotlib.pyplot as plt

year = np.arange(1982,2023,5)
year_tick = np.arange(0.5,nt,5)

plt.figure(figsize=(12, 4))
sns.heatmap(df, annot = sstRank_re, fmt="", center=0,\
            square = True, vmin = -.4, vmax = .4,\
            cmap='RdBu_r', cbar_kws={'shrink': 0.7})

plt.xticks(year_tick,year,fontsize = 15,rotation=0)
plt.yticks(rotation=0, fontsize = 15)
plt.ylabel('')

plt.tight_layout()
plt.title('Global SST anomaly heatmap ($^o$C)',\
          fontsize=20, fontweight = 'bold', pad = 10)
plt.savefig('sst_heatmap.png', dpi = 400)
```

히트맵을 그리기 위해 먼저 데이터를 피봇(pivot) 테이블 형태로 만들어 줘야 합니다. 피봇 테이블은 데이터 열 중에서 두 개의 열을 각각 행 인덱스, 열 인덱스로 사용하여 데이터를 2차원으로 펼쳐 놓은 것을 말합니다. 히트맵에서 x축은 연도, y축은 월을 나타내도록 할 것이므로 y축에 들어갈 월 이름을 정의합니다(mon_name). 연도와 월을 time 배열에서 추출하고 pandas의 DataFrame() 함수를 사용하여 numpy 배열을 Dataframe으로 바꿔 줍니다. 앞서 구한 연도와 월별 이름 열을 추가로 넣어 줍니다.

pivot() 함수를 사용하여 피봇 테이블로 바꾸어 줍니다. x축에는 year, y축에는 month, 데이터는 SST로 이름 붙인 해수면 온도 아노말리를 사용합니다.

형식		
pandas.DataFrame.pivot(index=None,columns=None, values=None)		
매개변수	설정하는 특성	옵션
index	행	배열
columns	열	문자열 배열
Values	테이블의 값	배열

표 8-4. 데이터를 피봇 테이블로 바꿔 주는 "pivot()" 함수

데이터 시각화 라이브러리 중 하나인 seaborn의 heatmap() 함수를 사용하여 히트맵을 그립니다. 주석(annotation)으로 순위 정보가 들어 있는 sstRank_re 데이터를 사용하였습니다.

형식		
seaborn.heatmap(data, annot=None, fmt='.2g', center=None, square=False, vmin=None, vmax=None, cmap=None, cbar=True, cbar_kws=None)		
매개변수	설정하는 특성	옵션
data	직사각형 데이터	배열
annot	각 cell 값 표기	문자열 배열
fmt	주석 표기 형태	배열
Center	중앙값	문자
Square	정사각형 표시	'True' 혹은 'False'
vmin vmax	색상표의 최솟값 색상표의 최댓값	숫자
cmap	색	컬러맵 이름
cbar	컬러바 표시 유무	'True' 혹은 'False'
cbar_kws	컬러바 크기 설정	숫자

표 8-5. 히트맵을 그리는 "heatmap()" 함수

8-2. Trend/Detrend

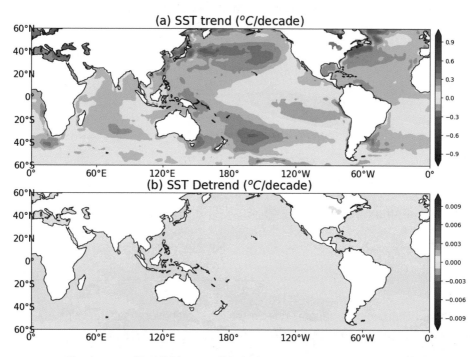

그림 8-3. OISST를 사용한 1982년부터 2022년 Trend(위), Detrend(아래).

추세 분석(Trend analysis)은 시간 경과에 따른 데이터의 패턴과 관계를 식별하기 위해 사용되는 가장 대표적인 통계 방법입니다. 지구과학 분야에서는 이 방법으로 대기 및 해양 관련 데이터를 분석하여 지구 온난화의 영향을 연구하는 데 자주 활용합니다. 그림 8-3은 해수면 온도의 연간 추세와 추세를 제거한 후의 시그널을 보여줍니다. 추세를 제거하였을 때, 증가 혹은 감소 시그널이 현저하게 줄어든 것을 확인할 수 있으며, 이를 통해 추세가 잘 제거된 것을 알 수 있습니다. 다음은 프로그램의 진행 순서입니다.

1) 필요한 패키지 불러오기 및 해수면 온도 파일 읽기 (반복 사용)
2) 연도별 계산 및 아노말리 계산
3) Trend 계산 및 De-Trend 계산
4) Cartopy를 이용해 그림 나타내기

a. 필요한 패키지 불러오기 및 해수면 온도 파일 읽기(반복 사용)

```python
### Load Package
from netCDF4 import Dataset
import numpy as np
import pandas as pd

### Load SST data
fsst = Dataset('sst.mnmean.nc')
lon = fsst.variables['lon'][:]
lat = fsst.variables['lat'][:]
sst_ = fsst.variables['sst'][:]
time_ = np.array(pd.date_range('1982-01', '2023-03',\
                 freq = 'M').strftime('%Y%m'))

time = time_[0:np.where(time_=='202212')[0][0]+1]
sst = sst_[0:np.where(time_=='202212')[0][0]+1]

### Replace SST value
sst = np.where(sst<=0,np.nan, sst)

### Check the dimension size
nt = 2022-1982+1; _, ny, nx = sst.shape

### Land mask(land=0, sea=1)
flm = Dataset('lsmask.nc')
lsmask = flm['mask'][0,:,:]
lsm = np.stack([lsmask]*(nt*12))
sst[lsm==0] = np.nan
```

위에서 했던 방식으로 OISST 해수면 온도와 land-sea mask 자료를 불러옵니다.

b. 연도별 계산

```
# Annual mean
sst_yearly = np.full((nt,ny,nx), np.nan)

k=0
for t in range(0,nt):
  sst_yearly[t,:,:] = np.nanmean(sst[k:k+12,:,:],0)
  k=k+12

sstClm = np.nanmean(sst_yearly[:30],0)
# SST anomaly
sstAno= sst_yearly-sstClm[None,:,:]
```

연 자료에 대한 추세 분석을 수행하기 위하여 월별 해수면 온도 자료를 연 자료로 계산하였습니다. 1982년부터 2022년까지 연 자료로 만든 sst_yearly 변수에서 기후 값 계산을 위하여 0부터 29까지 슬라이싱하여 평균해 줍니다. 계산한 연 자료와 기후 값을 이용하여 아노말리를 구합니다.

연도별 아노말리를 구할 때, 위와 같은 방법으로 간단하게 계산할 수 있습니다. 해당 코드는 연도별 해수면 온도 데이터를 가지고 있는 sst_yearly(41,180,360)에서 sstClm(180,360)을 빼 주기 위해 sstClm의 배열의 차원을 None 값으로 맞추어 주었습니다. 이렇게 하면 numpy 배열 연산에서 broadcasting이 발생하여, sst_yearly 배열의 모든 원소에 대해 sstClm 배열의 값을 빼 줍니다.

c. Trend 계산 및 De-Trend 계산

```python
import scipy.stats as stats
import scipy.signal as signal

# Function of trend calculation
def time_trend(var):
  ntt, nyy, nxx = var.shape
  var = var.reshape(ntt, nyy*nxx)
  vart = np.full((nyy*nxx), np.nan)
  intr = np.full((nyy*nxx), np.nan)
  varp = np.full((nyy*nxx), np.nan)
  for i in range(nyy*nxx):
    v = var[:,i]
    mask = ~np.isnan(v)
    v1 = v[mask]
    tt = np.arange(1,len(v1)+1,1)

    if len(v1) == 0:
      vart[i] = np.nan; varp[i] = np.nan
    else:
      vart[i], intr[i] t, r_value, varp[i], std_err \
              = stats.linregress(tt,v1)
  return vart, intr, varp

# Trend per decade
vart, intr, varp = time_trend(sstAno)

vart = vart.reshape((ny,nx))
intr = intr.reshape((ny,nx))
varp = varp.reshape((ny,nx))

# De-Trend
sstAno_ = sstAno.reshape(nt, ny*nx)
sstAno_ = np.where(np.isnan(sstAno_), 0, sstAno_)
sst_dtr = signal.detrend(sstAno_, axis=0, type='linear',\
                          bp=0).reshape((nt,ny,nx))
```

```
sst_dtr = np.where(sst_dtr==0,np.nan,sst_dtr)

# Trend per decade (after De-Trend)
vart_dtr, varp_dtr = time_trend(sst_dtr)

vart_dtr = vart_dtr.reshape((ny,nx))
varp_dtr = varp_dtr.reshape((ny,nx))
```

추세 분석을 위해 time_trend() 함수를 정의합니다. 이 함수는 시간 축과 위도x경도에 대한 2차원의 배열로 재구성한 후에 시간에 대한 추세를 확인합니다. 만약 변수에 nan 값이 포함되어 있다면 제거한 후에 추세 분석을 수행하였고 SciPy 패키지의 stats 서브 패키지 linregress() 함수를 활용하였습니다. 이 함수를 통해 반환되는 vart, intr, varp는 각각 추세 기울기, y 절편, t-test 통계 검증 값입니다.

해수면 온도 데이터의 추세를 제거하면 지구 온난화에 의한 변동이 제거된 해수면 온도 특성을 분석할 수 있습니다. 데이터의 추세를 제거하는 Detrend는 SciPy 패키지의 서브 패키지인 signal의 detrend() 함수를 활용하였습니다. 입력 데이터의 추세를 다항식(보통 1차식)으로 모델링하고 이를 원본 데이터에서 빼 주는 방식으로 추세를 제거합니다. 위에서 계산한 추세 값을 연평균 해수면 온도에서 직접 빼 주는 방식으로 Detrend 함수를 대신할 수도 있습니다. 만약 데이터의 추세가 제대로 제거되었다면, 추세 분석을 다시 수행할 때 시그널은 매우 약하게 나타날 것입니다.

형식		
slope, intercept, rvalue, pvalue, stderr, intercept_stderr = scipy.stats.linregress(x, y)		
매개변수	설정하는 특성	옵션
x	x축 값	배열
y	Y축 값	배열
slope	회귀선 기울기	숫자
intercept	회귀선 y 절편	숫자

rvalue	상관계수	숫자
pvalue	t-test 통계량	숫자
stderr	기울기 표준오차	숫자
intercept_stderr	절편 표준오차	숫자

표 8-6. 추세 분석을 수행하는 "linregress()" 함수

형식		
scipy.signal.detrend(data, axis=0, type='linear', bp=0)		
매개변수	**설정하는 특성**	**옵션**
data	데이터	배열
axis	데이터 추세를 제거할 축	정수
type	추세 제거 유형	문자열 'linear': 선형 최소제거법의 결과를 제거 'constant': 데이터의 평균만 제거
bp	데이터 중단점	정수 * 'linear'에만 적용

표 8-7. 추세를 제거하는 "detrend()" 함수

d. Cartopy를 이용해 그림 나타내기

```
import cartopy.mpl.ticker as cticker
import cartopy.crs as ccrs
import matplotlib.pyplot as plt

# Function of figure plot
def plot_global_cmap(i,lon,lat,var,clevs,colormap,title):
  ax[i].coastlines()
  ax[i].set_extent([0, 360, -60, 60])

  ax[i].set_xticks(np.arange(-180,181,60), crs=proj)
  ax[i].xaxis.set_major_formatter(cticker.LongitudeFormatter())
  ax[i].set_yticks(np.arange(-60,61,20), crs=proj)
```

```
    ax[i].yaxis.set_major_formatter(cticker.LatitudeFormatter())

    ax[i].tick_params(axis='both',labelsize = 15)
    ax[i].tick_params(axis='y', left = False,\
                      which='major', pad=-10)

    cs=ax[i].contourf(lon,lat,var,transform=\
                      ccrs.PlateCarree(),levels=clevs,\
                      cmap=colormap,extend='both')
    ax[i].set_title(title, fontsize=20)
    fig.colorbar(cs, ax=ax[i], pad=0.01)

proj = ccrs.PlateCarree(central_longitude=180)

nrows = 2; ncols = 1
fig, ax = plt.subplots(nrows=nrows, ncols=ncols,\
                       figsize=(16,10),\
                       subplot_kw={'projection': proj})

# Trend color bar level
clevs1 = np.arange(-1.,1.+0.01,0.1)

# Detrend color bar level
clevs2 = np.arange(-.01,.01+0.0001,0.001)

plot_global_cmap(0, lon, lat, vart*10, clevs1, 'seismic',\
                 '(a) SST trend ($^oC$/decade)')
plot_global_cmap(1, lon, lat, vart_dtr*10, clevs2,\ 'seismic',
                 '(b) SST Detrend($^oC$/decade)')

plt.subplots_adjust(bottom=0.2, top=0.9, left=0.1,right=0.9)
plt.savefig('sst_trend_detrend_cartopy.png',\
            bbox_inches='tight')
```

추세 분석을 마친 변수들을 cartopy 라이브러리를 사용하여 맵에 표출하였습니다. plot_
global이라는 함수를 정의하여 2개의 그림을 지도상에 나타냈습니다. 계산된 추세(vart,

vart_dtr)는 1년에 대한 추세이므로 10년에 대한 추세로 변환하기 위하여 10을 곱하였습니다. 여기서는 t-test 통계량을 지도에 표출하지 않았습니다. 관련한 내용은 추후 뒤에서 설명하였습니다.

8-3. Correlation & Regression

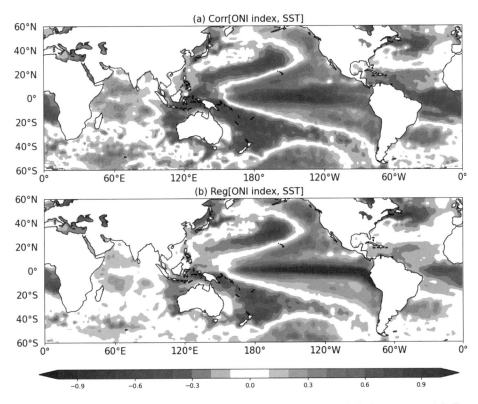

그림 8-4. 여름철(JJA) CPC ONI 지수와 해수면 온도의 correlation(위)과 regression(아래).

상관관계(Correlation) 분석과 회귀(Regression) 분석은 두 변수 간의 관계를 파악하기 위한 통계 분석 방법입니다. 앞서 수행한 추세 분석 또한, 시간과 변수의 관계를 알아본 일종의 회귀 분석입니다. 이번 챕터에서는 주요 기후 변동성 지수 중 하나인 ENSO 지수와 해수면 온도 간의 상관관계 및 선형 관계를 분석할 예정입니다. 분석에 사용한 ENSO

지수는 CPC(Climate Prediction Center)에서 제공하는 ONI(Oceanic Nino Index) 지수를 사용하였습니다. ONI는 Nino3.4 지역의 월별 해수면 온도 아노말리에 3개월 이동 평균을 적용한 값으로 아래 사이트에서 ASCII 형태로 제공하고 있습니다. (https://origin.cpc.ncep.noaa.gov/products/analysis_monitoring/ensostuff/ONI_v5.php) 해수면 온도와 ENSO 지수는 서로 밀접한 관련이 있으며, 이를 분석함으로써 해양-대기 상호작용을 이해할 수 있습니다. 그림 8-4는 여름철(JJA, June-July-August) ENSO 지수와 여름철 해수면 온도 아노말리 간의 상관관계 및 선형 회귀 분석을 공간 패턴으로 시각화한 것입니다. 이를 위해 아래와 같은 프로그램의 진행 순서를 따릅니다.

1) 필요한 패키지 불러오기 및 해수면 온도 파일 읽기(반복 사용)
2) ENSO index(.txt 파일) 불러오기
3) 월별 아노말리 및 JJA 계산
4) 상관관계, 선형 회귀 계산
5) Cartopy를 이용해 그림 나타내기

a. 필요한 패키지 불러오기 및 해수면 온도 파일 읽기(반복 사용)

```
### Load Package
from netCDF4 import Dataset
import numpy as np
import pandas as pd

### Load SST data
fsst = Dataset('sst.mnmean.nc')
lon = fsst.variables['lon'][:]
lat = fsst.variables['lat'][:]
sst_ = fsst.variables['sst'][:]
time_ = np.array(pd.date_range('1982-01', '2023-03',\
                 freq = 'M').strftime('%Y%m'))

time = time_[0:np.where(time_=='202212')[0][0]+1]
sst = sst_[0:np.where(time_=='202212')[0][0]+1]

### Replace SST value
```

```
sst = np.where(sst<=0,np.nan, sst)

### Check the dimension size
nt = 2022-1982+1; _, ny, nx = sst.shape

### Land mask(land=0, sea=1)
flm = Dataset('lsmask.nc')
lsmask = flm['mask'][0,:,:]
lsm = np.stack([lsmask]*(nt*12))
sst[lsm==0] = np.nan
```

위에서 했던 방식으로 OISST 해수면 온도와 land-sea mask 자료를 불러옵니다.

b. ONI index(.txt 파일) 불러오기

```
### CPC ONI index
db = open('oni_index.txt', 'r')
lines = db.readlines()

oni = np.full((len(lines)-1),np.nan)
for i in range(1,len(lines)):
  temp = lines[i].split('\t');
  oni[i-1] = float(temp[7])
```

CPC 사이트에서 제공하는 ONI 지수 중에서 1982년부터 2022년까지의 지수를 메모장
에 저장하여(파일 이름을 oni_index.txt로 저장함) 사용하였습니다.

Year	DJF	JFM	FMA	MAM	AMJ	MJJ	JJA	JAS	ASO	SON	OND	NDJ
1982	-0.05	0.07	0.19	0.47	0.66	0.72	0.79	1.07	1.58	1.97	2.18	2.23
1983	2.18	1.92	1.54	1.29	1.06	0.72	0.31	-0.08	-0.46	-0.81	-1.00	-0.91
1984	-0.60	-0.42	-0.34	-0.43	-0.51	-0.45	-0.30	-0.16	-0.24	-0.56	-0.92	-1.14
1985	-1.04	-0.85	-0.77	-0.78	-0.78	-0.63	-0.49	-0.46	-0.40	-0.35	-0.27	-0.36
1986	-0.49	-0.47	-0.31	-0.20	-0.12	-0.04	0.22	0.44	0.71	0.94	1.14	1.22
1987	1.23	1.19	1.06	0.95	0.97	1.22	1.51	1.70	1.65	1.48	1.25	1.11
1988	0.81	0.54	0.14	-0.31	-0.88	-1.30	-1.30	-1.11	-1.19	-1.48	-1.80	-1.85
1989	-1.69	-1.43	-1.08	-0.83	-0.58	-0.40	-0.31	-0.27	-0.24	-0.22	-0.16	-0.05
1990	0.14	0.21	0.28	0.29	0.29	0.31	0.33	0.38	0.39	0.35	0.40	0.41
1991	0.41	0.26	0.22	0.26	0.45	0.64	0.73	0.64	0.62	0.79	1.21	1.53
1992	1.71	1.63	1.48	1.29	1.06	0.73	0.37	0.09	-0.13	-0.25	-0.28	-0.13

먼저, readlines() 함수를 사용하여 텍스트 파일 전체를 불러왔습니다. 이 분석에서는 여름철에 대한 ENSO와 전지구 해수면 온도 관계를 확인하기 위해 7번째 열(파이썬 기준 0번째부터 시작했을 때)에 저장된 JJA ONI 지수를 추출하여 oni 변수에 저장하였습니다.

c. 월별 아노말리 및 JJA 계산

```
### Monthly anomaly
sstClim = np.full((12,ny,nx), np.nan)
for i in range(12):
  sstClim[i,:,:] = np.nanmean(sst[i::12,:,:][:30],0)

sstAno = sst - np.tile(sstClim, (nt, 1, 1))

### JJA mean
sstJJA = np.full((nt,ny,nx), np.nan)
for i in range(0,nt):
  sstJJA[i,:,:] = np.nanmean(sstAno[i*12+5:i*12+8,:,:],0)
```

여름철 해수면 온도 아노말리를 구하기 위하여 먼저 월별 기후 값을 구한 후(sstClim), 월별 아노말리를 계산하였습니다. 앞서 계산한 방법처럼 for 루프를 통해 월별 아노말리를 계산할 수도 있지만, 여기서는 np.tile() 함수를 사용하여 더 간결하게 계산하였습니다. 이 함수는 배열을 복사하여 크기를 늘리는 함수로써 여기서는 sstClim 변수를 sst와 동일한 크기로 만들기 위하여 np.tile() 함수에서 (nt, 1, 1)로 지정해 줌으로써 데이터를 첫 번째 축(시간)에 nt만큼 반복하도록 하였습니다. (nt, 2, 1)로 지정한다면 첫 번째 축(시간)에 대해 nt번, 두 번째 축(위도)에 대해 2번 반복한 새로운 배열을 생성하게 됩니다.

이렇게 구한 해수면 온도 월별 아노말리에서 JJA에 대해 평균을 해 줍니다. for 루프를 사용하여 각 시간에 해당하는 요소를 추출합니다. 위의 코드에서처럼 i*12+5:5*12+8로 슬라이싱을 하면 i번째 해의 6, 7, 8월에 해당하는 요소만 추출할 수 있습니다. 이렇게 추출한 요소를 np.nanmean() 함수를 통하여 시간에 대한 평균을 계산합니다.

형식		
numpy.tile(data, reps)		
매개변수	설정하는 특성	옵션
data	반복할 데이터	배열
reps	반복 횟수를 지정	배열 혹은 튜플 * data의 차원과 같거나 작아야 함.

표 8-8. 배열 반복을 수행하는 "tile()" 함수

d. 상관관계, 선형 회귀 계산

```
import scipy.stats as stats

### Fuction of correlation between 1-dimension variable and
3-dimension variable
def corr_1d3d(var1d, var3d):
  nt,ny,nx = var3d.shape
  cor = np.full((ny,nx),np.nan)
  corp = np.full((ny,nx),np.nan)
  for x in range(nx):
    for y in range(ny):
      bad = ~np.logical_or(np.isnan(var1d),\
                           np.isnan(var3d[:,y,x]))
      mod1 = np.compress(bad, var1d)
      mod2 = np.compress(bad, var3d[:,y,x])
      try:
        temp = stats.pearsonr(mod1, mod2)
        cor[y,x] = temp[0]
        corp[y,x] = temp[1]
      except:
        continue
  return cor, corp
```

```
### Fuction of regression between 1-dimension variable and
3-dimension variable
def linregress_1d3d(var1d, var3d):
  nt,ny,nx = var3d.shape
  reg = np.full((ny,nx),np.nan)
  intr = np.full((ny,nx),np.nan)
  regp = np.full((ny,nx),np.nan)
  for x in range(nx):
    for y in range(ny):
      bad = ~np.logical_or(np.isnan(var1d),\
                           np.isnan(var3d[:,y,x]))
      mod1 = np.compress(bad, var1d)
      mod2 = np.compress(bad, var3d[:,y,x])
      try:
        reg[y,x], intr[y,x], _, regp[y,x], _ =\
                                 stats.linregress(mod1, mod2)
      except:
        continue
  return reg, intr, regp

### Calculate correlation
cor, corp = corr_1d3d(oni, sstJJA)

### Calculate regression
reg, intr, regp = linregress_1d3d(oni, sstJJA)
```

1-dimension인 ONI 지수와 3-dimension인 해수면 온도에 대한 상관관계와 선형 회귀를 계산하도록 함수를 구현하였습니다. 상관관계나 선형 회귀 분석 시 배열에 nan 값이 한 개라도 포함되어 있으면 계산을 수행할 수가 없기 때문에 두 변수 중 한 변수라도 nan 값이 포함되어 있으면 bad pixel로 간주하여 제거하도록 하였습니다. 이를 위해 여기서는 np.logical_or() 함수와 np.isnan() 함수를 사용하였습니다. 만일 모든 값이 nan이어서 분석이 불가한 배열이 있을 수 있기 때문에 이를 위해 오류 예외 처리를 하였습니다.

선형 회귀 계산에 사용한 함수는 linregress() 함수로써 이전에 추세 분석을 했을 때와 동일한 함수입니다. 차이점은 추세 분석 시에는 time이 사용되었고 여기서는 ONI 지수를 사용하였다는 점입니다.

```
try:
    실행할 코드
except:
    예외가 발생했을 때 처리하는 코드
```

여기서는 루프를 돌다가 예외(전부 nan이어서 배열에 요소가 없는 경우, 예를 들면 육지 같은 경우)가 발생하면 다음 순번의 루프를 수행하도록 continue를 사용하여 처리하였습니다. 이렇게 정의한 함수들을 사용하여 ONI와 해수면 온도 간의 상관관계와 회귀 분석을 수행하고 그 결과를 각각 변수 cor, reg에 저장하였습니다. t-test 통계 검증량인 변수 corp, regp도 따로 저장하였으나 이에 대한 설명은 다음 장에서 다루도록 하겠습니다.

형식		
static, pvalue = scipy.stats.pearsonr(x, y)		
매개변수	설정하는 특성	옵션
x	x축 값	배열
y	Y축 값	배열
static	상관계수 값	숫자
pvalue	t-test 통계량	숫자

표 8-9. 두 변수의 상관관계를 계산하는 "pearsonr()" 함수

e. Cartopy를 이용해 그림 나타내기

```
import cartopy.mpl.ticker as cticker
import cartopy.crs as ccrs
import matplotlib.pyplot as plt
import matplotlib.colors as colors
```

```
### figure plot
proj = ccrs.PlateCarree(central_longitude=180)

nrows = 2; ncols = 1
fig, ax = plt.subplots(nrows=nrows,ncols=ncols,\
                        figsize=(16,10),\
                        subplot_kw={'projection': proj})

clevs = np.arange(-1.,1.+0.01,0.1)

### color set to white
mycolors = plt.cm.seismic(np.linspace(0, 1, len(clevs) + 1))
mycolors[len(clevs) // 2] = [1, 1, 1, 1]
mycolors[len(clevs) // 2 + 1] = [1, 1, 1, 1]
```

상관관계와 선형 회귀 분석 결과를 지도로 시각화해 보겠습니다. 두 통계 분석 결과는 모두 -1에서 1까지 0.1 간격을 갖도록 contour level을 사용하며, colorbar를 하나만 표시하였습니다. 여기서는 위에서 정의한 plot_global()을 사용하지 않고, 각각의 figure를 따로 생성하여 표시합니다. colormap으로는 seismic을 사용하지만, 0에 가까운 양수나 음수 값을 무시하기 위해 seismic 중간에 하얀색을 삽입하였습니다. 먼저 seismic 컬러맵을 사용하여 contour level의 길이게 맞게 컬러 배열을 생성하여, 변수 mycolors에 저장하였습니다. 그런 다음 colormap의 중간에 하얀색([1, 1, 1, 1])을 설정합니다. 색상을 할당할 때, RGB 값 대신 문자열로도 지정할 수 있는데 colors.to_rgba('white')를 써서 할당할 수 있습니다.

```
### another way to color set to white
mycolors = plt.cm.seismic(np.linspace(0, 1, len(clevs) + 1))
mycolors[len(clevs) // 2] = colors.to_rgba('white')
mycolors[len(clevs) // 2 + 1] = colors.to_rgba('white')
```

이런 식으로 하얀색을 추가할 수 있으며 이외에도 다른 색상을 추가하여 나만의 컬러맵을 만들 수 있습니다.

```
### Correlation figure
ax[0].coastlines()
ax[0].set_extent([0, 360, -60, 60])
ax[0].set_xticks(np.arange(-180,181,60), crs=proj)

ax[0].xaxis.set_major_formatter(cticker.LongitudeFormatter())
ax[0].set_yticks(np.arange(-60,61,20), crs=proj)
ax[0].yaxis.set_major_formatter(cticker.LatitudeFormatter())
ax[0].tick_params(axis='both',labelsize = 15)
ax[0].tick_params(axis='y', left = False, which='major',\
                  pad=-10)

cs=ax[0].contourf(lon,lat,cor,transform=\
                  ccrs.PlateCarree(),levels=clevs,\
                  colors=mycolors,extend='both')
ax[0].set_title('(a) Corr[ONI index, SST]', fontsize='15')
```

상관관계 분석을 지도에 표출하였습니다. 컬러바 색상은 위에서 seismic 컬러맵에 white 색상을 추가하여 새로 설정한 mycolors를 사용하였습니다.

```
### Regression figure
ax[1].coastlines()
ax[1].set_extent([0, 360, -60, 60])
ax[1].set_xticks(np.arange(-180,181,60), crs=proj)

ax[1].xaxis.set_major_formatter(cticker.LongitudeFormatter())
ax[1].set_yticks(np.arange(-60,61,20), crs=proj)
ax[1].yaxis.set_major_formatter(cticker.LatitudeFormatter())
ax[1].tick_params(axis='both',labelsize = 15)
ax[1].tick_params(axis='y', left = False, which='major',\
                  pad=-10)

cs=ax[1].contourf(lon,lat,reg,transform=\
                  ccrs.PlateCarree(),levels=clevs,\
```

```
                colors=mycolors,extend='both')
ax[1].set_title('(b) Reg[ONI index, SST]', fontsize='15')
```

마찬가지로 선형 회귀 분석을 지도에 표출하였습니다.

```
### Set of figure colorbar
cbar_ax = fig.add_axes([0.2, 0.12, 0.6, 0.02])
cbar=fig.colorbar(cs,cax=cbar_ax,orientation='horizontal')

plt.subplots_adjust(bottom=0.2, top=0.9, left=0.1,\
                    right=0.9)
plt.savefig('sst_corr_reg.png', bbox_inches='tight')
```

마지막 figure 밑에 colorbar를 표시하기 위해, 다중 figure 중 회귀 분석 figure를 변수 cs로 지정하고 이를 fig.colorbar 함수에 적용하여 colorbar를 추가하였습니다. 이때, colorbar는 cs 변수를 기반으로 생성됩니다.

8-4. 유효 자유도(effective degree of freedom) 개념을 이용한 유의성 검증

추세, 상관관계, 선형 회귀 분석은 데이터 간의 관계를 추론하기 위한 통계 분석 방법들입니다. 이러한 분석에서는 t-test(student's t-test, t-검정)을 사용하여 통계적으로 유의한 차이가 있는지를 검증합니다. 각 통계 분석에서 가설은 "추세 값이 0이다, 또는 상관 및 회귀 분석 시 두 변수가 관계가 없다"는 것이고, 두 변수 사이에 유의미한 관계가 있다고 한다면 이는 유의한 추세, 상관관계, 또는 해당 독립변수가 종속변수에 영향을 미친다고 해석될 수 있습니다. 따라서, 이러한 통계 분석에서 t-test는 통계적으로 유의미한 결과를 도출하기 위해 필수적으로 사용되는 통계 검증 방법입니다.

위 분석에서 linregress() 함수와 pearsonr() 함수는 t-test를 통해 통계 분석이 수행된 p-value를 제공합니다. 이 값을 사용하여 지도에 유의한 지역을 표시할 수 있습니다. 아래 그림은 위에서 분석했던 추세, 상관관계, 선형 회귀 통계 분석에 대해 t-test가 수행된 결과를 함께 나타낸 그림입니다. 아래 p-value를 표시하기 위한 파이썬 코드를 trend 분석을 예시로 들어 설명하였습니다.

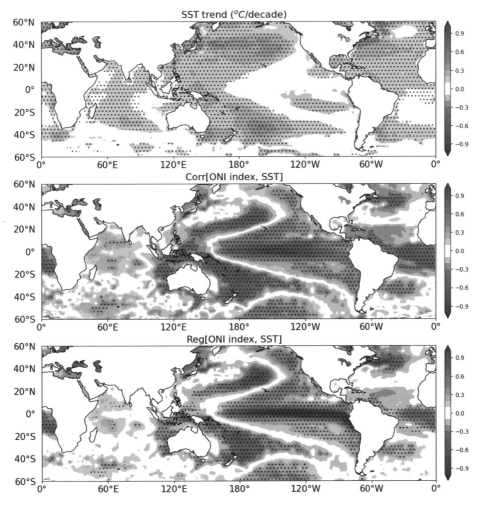

그림 8-5. 통계 분석에 p-value 값을 표시.

```
import cartopy.mpl.ticker as cticker
import cartopy.crs as ccrs
import matplotlib.pyplot as plt
import matplotlib.colors as colors

### Function of trend figure including P-value
def plot_global(i,lon,lat,var,varp,clevs,color,title):
  ax[i].coastlines()
  ax[i].set_extent([0, 360, -60, 60])

  ax[i].set_xticks(np.arange(-180,181,60), crs=proj)
  ax[i].xaxis.set_major_formatter(cticker.LongitudeFormatter())
  ax[i].set_yticks(np.arange(-60,61,20), crs=proj)
  ax[i].yaxis.set_major_formatter(cticker.LatitudeFormatter())

  ax[i].tick_params(axis='both',labelsize = 15)
  ax[i].tick_params(axis='y', left = False, which='major',\
                  pad=-10)

  cs=ax[i].contourf(lon,lat,var,transform=\
                  ccrs.PlateCarree(),levels=clevs,\
                  colors=color,extend='both')

  ### P-value plot
  plevs = [0, 0.05, 0.1]
  ps=ax[i].contourf(lon,lat,varp,transform =\
                  ccrs.PlateCarree(),levels=plevs,\
                  hatches=['..',''],alpha=0)
  ax[i].set_title(title, fontsize=20)
  fig.colorbar(cs, ax=ax[i], pad=0.01)

proj = ccrs.PlateCarree(central_longitude=180)
nrows = 3; ncols = 1
fig, ax = plt.subplots(nrows=nrows, ncols=ncols,\
                  figsize=(26,10),\
                  subplot_kw={'projection': proj})
```

```
clevs = np.arange(-1.,1.+0.01,0.1)

### color set to white
mycolors = plt.cm.seismic(np.linspace(0, 1, len(clevs) + 1))
mycolors[len(clevs) // 2] = [1, 1, 1, 1]
mycolors[len(clevs) // 2 + 1] = [1, 1, 1, 1]

plot_global(0, lon, lat, vart, varp, clevs, mycolors,\
            'SST trend ($^oC$/decade)')
plot_global(1, lon, lat, cor, corp, clevs, mycolors,\
            'Corr[ONI index, SST]')
plot_global(2, lon, lat, reg, regp, clevs, mycolors,\
            'Reg[ONI index, SST]')

plt.subplots_adjust(bottom=0.2, top=0.9, left=0.1,right=0.9)
plt.savefig('T-test.png', bbox_inches='tight')
```

앞서 분석했던 추세, 상관관계, 회귀 분석에서 얻어진 통계 결과(vart, cor, reg)와 t-test 검증 값(varp, corp, regp)를 이용하여 그림 개체로 나타내었습니다. 앞서 정의한 plot_ global() 함수에서는 통계 결과만 나타냈지만 여기에서는 함수 자체에 p-value를 표시 하도록 추가하였습니다.

추세를 나타낸 공간 패턴에 p-value를 함께 겹쳐서 나타내기 위하여 p-value의 contour level을 설정해 줍니다. 여기서는 95% 신뢰 구간에 해당하는 구간에 표시하기 위해 contour level을 [0, 0.05, 0.1]로 설정하였고 contourf() 함수의 hatches=['..', ''] 매 개변수를 설정하였습니다. 이 코드의 의미는 0부터 0.05 구간에 속하는(신뢰 구간이 95%에 해당하는) 시그널은 해치로 표시를 하고 그 외의 구간(여기서는 0.05부터 0.1 로 설정)은 아무것도 표시를 하지 말라는 뜻입니다. 매개변수 hatches는 채우기 패턴을 설정하는 데 사용되며 대표적으로 '/'는 대각선 라인 패턴, '.'는 점 패턴을 나타냅니다. 채우기 패턴의 밀도 또한 조절할 수 있는데, '.'보다 '..'이 더 작은 점으로 같은 공간을 세 밀하게 채우게 됩니다. 이를 이용해 p-value를 표시하면 통계적으로 유의한 지역을 확인할 수 있습니다.

그러나, 이 분석에도 유의할 점이 있습니다. 바로 두 변수의 독립성입니다. t-test는 두 독립 변수 간의 차이가 통계적으로 유의한지 검증하는 방법입니다. 하지만 해수면 온도와 같이 시간에 따른 변화가 적어서 전 달과 이번 달의 자료가 상관관계가 높은 경우, 전체 자료 수가 증가해도 실제로 기여하는 독립적인 정보의 양은 적어지게 되어 변수 간의 독립성이 낮아집니다. 따라서 이러한 변수를 사용하여 통계 분석을 할 때는 Effective degree of freedom(EDOF or N_{eff})을 고려해야 합니다. EDOF는 독립적인 정보의 양을 나타내는 개념으로 통계 분석에서 사용되는 변수들 간의 상관관계를 고려하여 자유도를 수정하는 방법입니다.

```
### Consider the effective number of samples
import scipy.stats as stats

### This is a simplified version for the regression over time
(i.e., trend)
def get_new_dof_one_tseries(ts1):
  r= np.corrcoef(ts1[:-1],ts1[1:])[1,0]
  N= len(ts1)
  Neff= N*(1-r)/(1+r) if r>0 else N
  return Neff

### This is a simplified version for the regression/
correlation of two variables
def get_new_dof_two_tseries(ts1,ts2):
  N= len(ts1)
  r1= np.corrcoef(ts1[1:],ts1[:-1])[0,1]
  r2= np.corrcoef(ts2[1:],ts2[:-1])[0,1]
  Neff= N*(1-r1*r2)/(1+r1*r2) if r1*r2>0 else N
  return Neff

### Calculation regression p-value
def get_pval_regr_slope(x,y,slope,intercept,Neff=None):
```

```
    if Neff==None:
        Neff=len(y)
    var_residual=np.sum((y-slope*x-intercept)**2,\
                         axis=0)/(Neff-2)
    t=slope/np.sqrt(var_residual/np.sum((x -np.mean(x))**2))

### two-tailed, 1-p_val
    p_val= stats.t.sf(np.absolute(t),df=Neff-2)*2
    sf_level= 1-pval
    if t<0: sf_level*=-1
    return p_val, sf_level

### Calculation correlation p-value
def get_pval_corr_slope(x,y,Neff=None):
    bad = ~np.logical_or(np.isnan(x),np.isnan(y))
    xx = np.compress(bad, x); yy = np.compress(bad, y)
    if Neff==None:
        Neff=len(xx)
    if len(xx)!=0:
        r= np.corrcoef(xx, yy)[0, 1]
        t= r*np.sqrt(Neff-2)/np.sqrt(1-r**2)

        p_val= stats.t.sf(np.abs(t),Neff-2)*2
        sf_level= 1-p_val
        if t<0: sf_level*=-1
        return p_val
    else:
        return None
```

get_new_dof_one_tseries(), get_new_dof_two_tseries()는 시계열 데이터의 EDOF
을 간단히 계산하는 함수입니다. 첫번째 함수는 시간에 대해 회귀 분석(추세) 시, 두번째
함수는 두 변수 간 회귀 분석 또는 상관관계 분석 시 자유도를 결정하는 방법입니다. 데
이터의 자기상관(autocorrelation)계수를 확인한 후, 이 계수를 이용하여 자유도를 계
산하여 수정하게 됩니다. 주의할 점은 두 함수 모두 시계열 자료가 Autoregressive-1
(AR1) model을 가정하고 있다는 점입니다. 따라서 이 함수를 적용하기 전에 적용할 시

계열이 실제로 AR1 모델의 특성을 따르고 있는지 자기상관계수 그림을 통해 확인할 필요가 있습니다. 또한 두 변수 간 자유도를 계산하는 식은 AR1 모델을 따르는 두 변수 간의 상관관계가 없다는 가정하에 유도된 식입니다. 따라서 두 변수간의 상관관계가 강할 시에 위 식을 통해 얻어진 자유도는 부정확할 수 있습니다. 한 변수의 EDOF를 계산하는 일반식은 이며, 여기서 ρ_k는 k번째 자기상관 계수를 뜻합니다. 두 변수의 합동 EDOF를 구하는 일반적인 식은 Afyouni et al. (2019)[9]에서 확인할 수 있습니다.

수정된 자유도를 이용하여 get_pval_regr_slope(), get_pval_corr_slope() 함수에서 각각 회귀 분석과 상관관계의 유의성을 검정합니다. 두 개의 독립 변수 x(시간 또는 변수)와 종속 변수 y(변수)에 대한 회귀식의 파라미터(기울기 slope, 절편 intercept) 또는 상관계수를 계산하여 자유도를 고려하여 p-value를 값을 계산합니다.

먼저, Neff로 표기된 EDOF를 구합니다. 만일 주어지지 않으면 변수의 원본 길이를 사용합니다. 회귀 분석 같은 경우에는 회귀식으로 구해진 값과 원래 데이터 값과의 잔차를 구합니다. 상관관계 분석은 두 변수 간의 상관관계가 0일 때의 기대값과 계산된 상관계수의 차이를 나눈 값으로, 이 값이 클수록 두 변수 간의 상관관계가 유의미하다는 것을 나타냅니다. 이렇게 구한 t 값의 절대값을 사용하여 양측 검정(two-tailed test)을 수행합니다. 이를 위해서는 t 값의 절대값을 사용하여 자유도가 Neff-2인 t-분포의 누적 분포 함수 값에(양측 검정이기 때문에) 2를 곱합니다. 이 값이 보정된 p-value 입니다. 보정된 신뢰 값(significance level)은 1-p-value로 결정되며, t가 음수일 경우 이 정보는 sf_level에 -1을 곱해 보전합니다. t-통계량이 유의 수준을 초과하면 두 변수의 관계가 유의미하다는 것을 결론으로 도출합니다.

---

9)   Afyouni, S., S. M. Smith, T. E. Nichols (2019). Effective degrees of freedom of the Pearson's correlation coefficient under autocorrelation. NeuroImage, 199, 609-625, doi: 10.1016/j.neuroimage.2019.05.011.

이번 챕터에서는 앞에서 나타냈던 추세, 상관관계, 선형 회귀 분석에 대해 EDOF가 고려되지 않은 p-value와 고려된 p-value를 비교하였습니다. 위에서 이미 구한 통계 분석에 대한 코드는 지면에 할애하지 않고 유의성 검증에 대한 내용만 표기하도록 하겠습니다.

1) 추세 분석 유의성 검증
2) 회귀 분석 유의성 검증
3) 상관관계 유의성 검증

a. 추세 분석 유의성 검증

```
# Continue with 8-2
# Trend per year
vart, intr, varp = time_trend(sstAno)

vart = vart.reshape((ny,nx))
intr = intr.reshape((ny,nx))
varp = varp.reshape((ny,nx))

### Effective number of degree freedom
Neff = np.full((ny,nx),np.nan)
for j in range(nx):
  for i in range(ny):
    Neff[i,j] = get_new_dof_one_tseries(sstAno[:,i,j])

### Calculation modified p-value
pval_mod = np.full((ny,nx), np.nan)
for i in range(nx):
  for j in range(ny):
    y = sstAno[:,j,i]
    x = np.arange(1,len(y)+1,1)
    pval_mod[j,i], _ =\
                get_pval_regr_slope(x,y,vart[j,i],intr[j,i],\
                                    Neff=Neff[j,i])

proj = ccrs.PlateCarree(central_longitude=180)
```

```
nrows = 2; ncols = 1
fig, ax = plt.subplots(nrows=nrows, ncols=ncols,\
                       figsize=(26,10),\
                       subplot_kw={'projection': proj})

clevs = np.arange(-1.,1.+0.01,0.1)

### color set to white
mycolors = plt.cm.seismic(np.linspace(0, 1,\
                          len(clevs) + 1))
mycolors[len(clevs) // 2] = [1, 1, 1, 1]
mycolors[len(clevs) // 2 + 1] = [1, 1, 1, 1]

plot_global(0,lon,lat,vart*10,varp,clevs,mycolors,\
            'Original p-value of SST trend($^oC$/decade)')

plot_global(1,lon,lat,vart*10,pval_mod,clevs,mycolors,\
            'Modified p-value of SST trend($^oC$/decade)')

plt.subplots_adjust(bottom=0.2, top=0.9, left=0.1,\
                    right=0.9)
plt.savefig('T-test_dof_trend.png',\bbox_inches='tight')
```

위에서 정의한 get_new_dof_one_tseries() 함수를 사용하여 각 그리드의 자유도를
계산합니다. 그다음, 계산된 자유도(Neff)와 기존 time_trend() 함수에서 반환되는 기
울기, y-절편을 이용하여 EDOF가 고려된 개선된 p-value를 계산합니다. 이때, get_
pval_regr_slope() 함수에 Neff = None으로 하여 계산하면, 기존의 p-value가 얻어
집니다. 마지막으로 plot_global() 함수를 사용하여 기존 time_trend()에서 반환되는
p-value(변수 varp)와 개선된 p-value를 각각 나타내었습니다. Neff<=N 이기 때문에,
개선된 p-value에 의해 기존보다 해치된 지역이 줄어든 것을 확인할 수 있습니다.

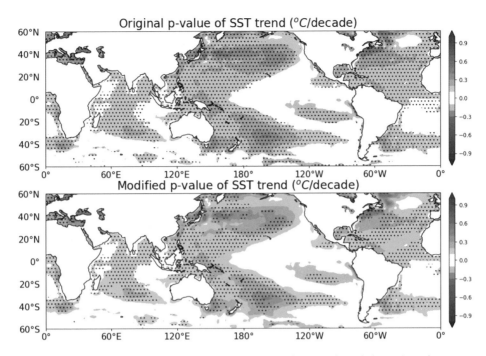

그림 8-6. 해수면 온도 추세 분석 시 기존 p-value와 EDOF가 고려된 p-value 비교.

b. 회귀 분석 유의성 검증

```
# Continue with 8-3
reg, intr, regp = linregress_1d3d(oni, sstJJA)


vart = vart.reshape((ny,nx))
intr = intr.reshape((ny,nx))
varp = varp.reshape((ny,nx))


### Effective number of degree freedom
Neff = np.full((ny,nx),np.nan)
for j in range(nx):
  for i in range(ny):
    Neff[i,j] = get_new_dof_two_tseries(oni,sstJJA[:,i,j])


### Calculation modified p-value
pval_mod = np.full((ny,nx), np.nan)
```

```
for i in range(nx):
  for j in range(ny):
    y = sstJJA[:,j,i]
    pval_mod[j,i],_ =\
      get_pval_regr_slope(oni,y,reg[j,i],intr[j,i],\
                          Neff=Neff[j,i])

proj = ccrs.PlateCarree(central_longitude=180)
nrows = 2; ncols = 1
fig, ax = plt.subplots(nrows=nrows, ncols=ncols,\
                  figsize=(26,10),\
                  subplot_kw={'projection': proj})

clevs = np.arange(-1.,1.+0.01,0.1)

### color set to white
mycolors = plt.cm.seismic(np.linspace(0, 1, len(clevs) + 1))
mycolors[len(clevs) // 2] = [1, 1, 1, 1]
mycolors[len(clevs) // 2 + 1] = [1, 1, 1, 1]

plot_global(0,lon,lat,reg,regp,clevs,mycolors,\
          'Original p-value of Reg[ONI index, SST] ')
plot_global(1,lon,lat, reg,pval_mod,clevs,mycolors,\
          'Modified p-value of Reg[ONI index, SST]')

plt.subplots_adjust(bottom=0.2, top=0.9, left=0.1,\
                  right=0.9)
plt.savefig('T-test_dof_regression.png',bbox_inches='tight')
```

여름철 ONI 지수에 대해 해수면 온도를 회귀 분석한 결과에 유의성 검증을 추가하였습니다. 각 그리드에서의 자유도를 계산하기 위해 get_new_dof_two_tseries() 함수를 사용하고, 계산된 자유도(Neff)와 기존에 정의된 linregress_1d3d() 함수에서 반환되는 기울기와 y-절편을 이용하여 EDOF가 고려된 개선된 p-value를 계산했습니다. 마지막으로 plot_global() 함수를 사용하여 기존 p-value(변수 regp)와 개선된 p-value를 각각 나타내었습니다. 이 분석에서는 추세 분석과는 달리, 두 그림에서 해치된 지역이 크게 다르지 않음을 확인할 수 있습니다.

EDOF는 시계열 데이터의 자기 상관성으로 인해 독립적인 샘플의 수가 감소하는 것을 고려합니다. 그러나, 만약 데이터의 자기 상관성이 충분히 작다면 EDOF를 고려하거나 고려하지 않는 경우의 p-value 차이가 크지 않을 수 있습니다. 위 결과에 의하면 여름철 ONI 지수와 여름철 해수면 온도 모두 자기 상관성이 충분히 작다는 것을 알 수 있습니다.

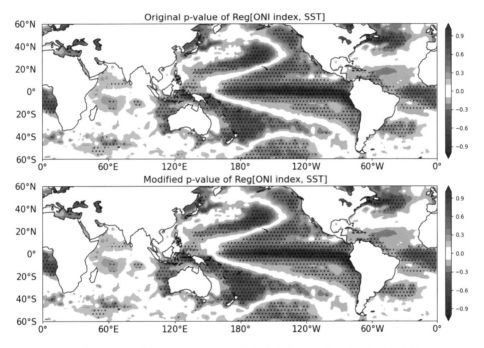

그림 8-7. 여름철(JJA) CPC ONI 지수와 해수면 온도의 선형 회귀 분석 시
기존 p-value와 EDOF가 고려된 p-value 비교.

c. 상관관계 유의성 검증

```
# Continue with 8-3
cor, corp = corr_1d3d(oni, sstJJA)
```

```
### Effective number of degree freedom

Neff = np.full((ny,nx),np.nan)
for j in range(nx):
  for i in range(ny):
    Neff[i,j] = get_new_dof_two_tseries(oni,sstJJA[:,i,j])

### Calculation modified p-value

pval_mod = np.full((ny,nx), np.nan)
for i in range(nx):
  for j in range(ny):
    y = sstJJA[:,j,i]
    pval_mod[j,i],_ = get_pval_corr_slope(oni,y,Neff=Neff[j,i])

proj = ccrs.PlateCarree(central_longitude=180)
nrows = 2; ncols = 1
fig, ax = plt.subplots(nrows=nrows, ncols=ncols,\
                       figsize=(26,10),\
                       subplot_kw={'projection': proj})

clevs = np.arange(-1.,1.+0.01,0.1)

### color set to white
mycolors = plt.cm.seismic(np.linspace(0, 1, len(clevs) + 1))
mycolors[len(clevs) // 2] = [1, 1, 1, 1]
mycolors[len(clevs) // 2 + 1] = [1, 1, 1, 1]

plot_global(0,lon,lat,cor,corp,clevs,mycolors,\
            'Original p-value of Corr[ONI index, SST]')
plot_global(1,lon,lat,cor,pval_mod,clevs,mycolors,\
            'Modified p-value of Corr [ONI index, SST]')

plt.subplots_adjust(bottom=0.2, top=0.9, left=0.1,\
                    right=0.9)
plt.savefig('T-est_dof_correlation.png',bbox_inches='tight')
```

여름철 ONI 지수와 해수면 온도의 상관관계 분석 결과에 유의성 검증을 추가하였습니다. get_new_dof_two_tseries(), get_pval_corr_slope() 함수를 사용하여 EDOF가 고려된 p-value를 계산했습니다. 마지막으로 plot_global() 함수를 사용하여 기존 p-value(변수 regp)와 개선된 p-value를 각각 나타내었습니다. 앞의 회귀 분석 사례와 같이 여름철 해수면 온도는 1년 전 온도와의 자기상관관계가 약해서 두 가지 경우의 p-value에 차이가 거의 없음을 알 수 있습니다.

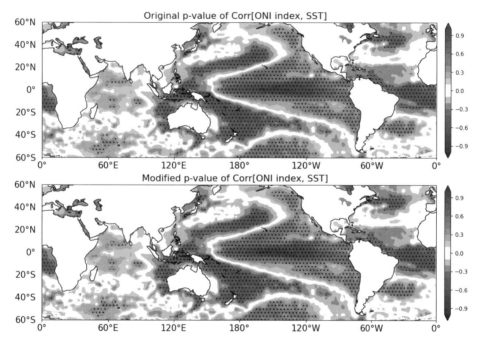

그림 8-8. 여름철(JJA) CPC ONI 지수와 해수면 온도의 상관관계 회귀 분석 시
기존 p-value와 EDOF가 고려된 p-value 비교.

8-5. EOF(Empirical Orthogonal Function)

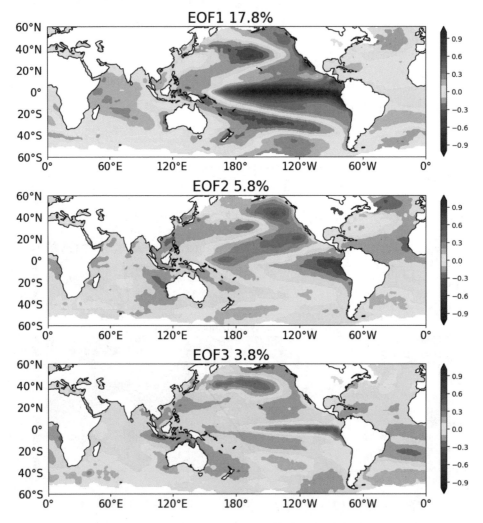

그림 8-9. 1982년부터 2022년 OISST를 사용한 EOF 공간 패턴.

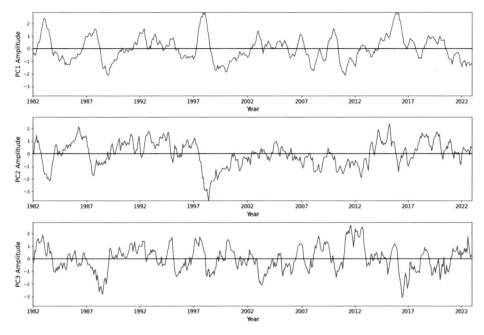

그림 8-10. 1982년부터 2022년 OISST를 사용한 EOF 시간 패턴.

주성분분석(Principal Component. Analysis, PCA) 또는 경험적 직교함수(EOF)는 고차원의 자료를 저차원으로 변환하여 자료에 내재된 변동 특성을 분석하는 통계 분석 방법입니다. 이 방법은 해양과 대기과학 등 다양한 분야에서 시공간 변동성을 분석하는 데 활용되고 있습니다. 그림 8-9은 추세를 제거한 월별 해수면 온도 자료를 이용하여 나타낸 각 EOF 모드의 공간 패턴이며, 그림 8-10은 각 EOF 모드의 시계열 그림으로 이를 통해 시간에 따른 EOF 모드들의 변화를 확인할 수 있습니다. 또한, 백분율로 나타낸 고유값은 해당 EOF 모드가 전체 변동 중에서 어느 정도의 비중을 차지하는지 나타내는 값입니다. 아래는 프로그램의 진행 순서입니다.

1) 필요한 패키지 불러오기 및 해수면 온도 파일 읽기(반복 사용)
2) 월별 아노말리 및 추세 제거 계산
3) EOF 계산
4) Cartopy를 이용해 그림 나타내기

a. 필요한 패키지 불러오기 및 해수면 온도 파일 읽기(반복 사용)

```python
### Load Package
from netCDF4 import Dataset
import numpy as np
import pandas as pd

### Load SST data
fsst = Dataset('sst.mnmean.nc')
lon = fsst.variables['lon'][:]
lat = fsst.variables['lat'][:]
sst_ = fsst.variables['sst'][:]
time_ = np.array(pd.date_range('1982-01', '2023-03',\
                freq = 'M').strftime('%Y%m'))

time = time_[0:np.where(time_=='202212')[0][0]+1]
sst = sst_[0:np.where(time_=='202212')[0][0]+1]

### Replace SST value
sst = np.where(sst<=0,np.nan, sst)

### Check the dimension size
nt = 2022-1982+1; _, ny, nx = sst.shape

### Land mask(land=0, sea=1)
flm = Dataset('lsmask.nc')
lsmask = flm['mask'][0,:,:]
lsm = np.stack([lsmask]*(nt*12))
sst[lsm==0] = np.nan
```

위에서 했던 방식으로 OISST 해수면 온도와 land-sea mask 자료를 불러옵니다.

b. 월별 아노말리 및 추세 제거 계산

```
import scipy.signal as signal

### Monthly anomaly
sstClim = np.full((12,ny,nx), np.nan)
for i in range(12):
  sstClim[i,:,:] = np.nanmean(sst[i::12,:,:][:30],0)

sstAno = sst - np.tile(sstClim, (nt, 1, 1))

### Detrend
sstAno_ = np.where(np.isnan(sstAno), 0, sstAno)
sstDtr = signal.detrend(sstAno_, axis=0, type='linear',\
                        bp=0)
sstDtr = np.where(np.isnan(sstAno),np.nan,sstDtr)
```

해수면 온도의 변동성을 확인하기 위해 계절 변동을 제거하고 지구 온난화로 인한 추세를 제거하고 EOF 분석을 수행하였습니다. 위에서 했던 방식으로 OISST 해수면 온도 월별 아노말리를 계산 후, 계산한 아노말리에서 추세를 제거합니다.

c. EOF 계산

```
from eofs.standard import Eof

### EOF calculation
### Create an EOF solver to do the EOF analysis.
### Square-root of cosine of latitude weights are applied.
coslat = np.cos(np.deg2rad(lat))
wgts = np.sqrt(coslat)[..., np.newaxis]
solver = Eof(sstDtr, weights=wgts)

### Retrieve the leading EOF, expressed as the correlation
between the leading
```

```
### PC time series and the input SST anomalies at each grid
point, and the leading PC time series itself.

eof = solver.eofs(neofs=3, eofscaling=2) # 2: EOFs are
multiplied by the square-root of their eigenvalues
pc  = solver.pcs(npcs=3, pcscaling=1) # 1:  PCs are scaled
to unit variance (divided by the square-root of their
eigenvalue)

varfrac = solver.varianceFraction()*100
lambdas = solver.eigenvalues()
```

해수면 온도 필드에 대한 EOF 분석을 수행합니다. EOF 분석은 해수면 온도 아노말리를 공간 패턴(EOFs)과 그에 상응하는 시간 계수(PCs)로 분해하여 변동성을 설명합니다. 이 코드에서는 지구에서 고위도 지역은 각 위도 대가 차지하는 면적이 코사인의 근호에 해당하는 비율로 줄어드는 것을 고려하여 공분산 행렬을 구할 때, 위도 별 가중치를 취해 주었습니다. 이를 위해, 변수 sstDtr의 배열인 (nt*12,ny,nx)을 고려하여 위도 가중치를 이 모양으로 broadcasting 하도록 추가 길이 1차원을 끝에 추가하였습니다. 이어서, 위도에 코사인 가중치 고려한 변수에 제곱근을 sstDtr에 적용하여 EOF 계산을 수행합니다.

형식		
solver = eofs.standard.Eof(data, weights=None, center=True, ddof=1)		
매개변수	설정하는 특성	옵션
data	분석 데이터	배열 * 첫 번째 차원은 시간을 나타내야 함 * masking, nan 값 허용.
weights	데이터 가중치	배열 * 가중치가 필요하지 않는 경우 None
center	중심화 여부	'True' 혹은 'False' 'True': 시간 평균이 분석 전에 제거 'False' : 시간 평균이 분석 전에 제거되지 않음 * default는 True

		숫자
ddof	델타 자유도	* 공분산 행렬을 정규화하는 데 사용되는 샘플 수 (default는 1)

표 8-10. "Eof()" 함수

파이썬의 eof 라이브러리를 사용하여 EOF 함수로 계산을 수행하면 solver라는 객체를 반환하게 됩니다. 이 객체를 사용하여 EOF 분석의 결과를 확인하거나, 추가적인 분석을 수행할 수 있습니다. solver의 주요 메서드와 속성은 다음과 같습니다.

주요 메서드	속성
eofs(neofs=None, eofscaling=None)	EOF 공간 패턴을 반환. neof: 반환할 EOF의 수 eofscaling: EOF 스케일링 방법 * 0: 스케일링 되지 않은 EOF(default) 1: 고유값의 제곱근으로 나눈 EOF * 2: 고유값의 제곱근을 곱한 EOF
pcs(npcs=None, pcscaling=None)	EOF 시간 패턴을 반환. npcs: 반환할 EOF의 수 pcscaling: EOF 스케일링 방법 * 0: 스케일링 되지 않은 PC(default) * 1: 단위 분산(고유값의 제곱근으로 나눈 값) PC 2: 고유값의 제곱근을 곱한 PC
varianceFraction()	각 EOF가 설명하는 분산의 비율
eigenvalues()	각 EOF의 고유값을 반환

표 8-11. "Eof()" 함수에서 반환되는 solver의 주요 메서드 및 속성

EOF 모드 수는 해당 데이터셋이 가지고 있는 time step 수와 동일합니다. 즉, 현재 sst-Dtr이 492개의 time 요소를 가지고 있으므로 최대로 가질 수 있는 EOF 모드 수 또한 492개가 됩니다. EOF 계산 후, 공간 패턴과 시간 패턴이 얻어지며, 각 모드에 대해 공간 패턴과 시간 패턴을 곱해서 더하게 되면 원본 데이터가 재구성됩니다.

EOF 계산 시 neofs 인수를 사용하여 계산할 EOF 모드 수를 설정할 수 있습니다. 이 코드에서는 3개의 주요 EOF 모드(neofs=3)와 그에 해당하는 PC를 계산하였습니다. EOF는 해당 고유값의 제곱근으로 스케일링하였고 PC는 단위 분산으로 스케일링하였습니다. 일반적으로 시간 패턴을 제곱근으로 나눠 노말라이즈를 하기 때문에 여기에서도 pc scaling을 1로 설정하였습니다. varianceFraction() 함수를 사용하여 EOF 모드가 설명하는 분산의 비율을 확인할 수 있으며, 백분율로 확인하기 위하여 100을 곱해 주었습니다.

d. Cartopy를 이용해 그림 나타내기

```python
import cartopy.mpl.ticker as cticker
import cartopy.crs as ccrs
import matplotlib.pyplot as plt
import matplotlib.colors as colors

# Function of figure plot
def plot_global_cmap(i,lon,lat,var,clevs,colormap,title):
    ax[i].coastlines()
    ax[i].set_extent([0, 360, -60, 60])

    ax[i].set_xticks(np.arange(-180,181,60), crs=proj)
    ax[i].xaxis.set_major_formatter(cticker.LongitudeFormatter())
    ax[i].set_yticks(np.arange(-60,61,20), crs=proj)
    ax[i].yaxis.set_major_formatter(cticker.LatitudeFormatter())

    ax[i].tick_params(axis='both',labelsize = 15)
    ax[i].tick_params(axis='y', left = False, which='major',\
                      pad=-10)

    cs=ax[i].contourf(lon,lat,var,transform=ccrs.PlateCarree(),\
                      levels=clevs,cmap=colormap,extend='both')
    ax[i].set_title(title, fontsize=20)
    fig.colorbar(cs, ax=ax[i], pad=0.01)

proj = ccrs.PlateCarree(central_longitude=180)
```

```
nrows = 3; ncols = 1
fig, ax = plt.subplots(nrows=nrows, ncols=ncols,\
                       figsize=(30,10),\
                       subplot_kw={'projection': proj})

# EOF map
for i in range(3):
  clevs = np.arange(-1.,1.+0.01,0.1)
  title = 'EOF'+str(i+1)+' '+str(round(varfrac[i],1))+'%'
  plot_global_cmap(i,lon,lat,eof[i,:,:],clevs,\
                   'seismic',title)

plt.tight_layout()
plt.savefig('sst_eof.png', bbox_inches='tight')
```

EOF 모드 1부터 3까지의 공간 패턴을 하나의 그림 객체로 나타내기 위해 plot_global() 함수를 사용하였습니다.

```
# PC time sereis
year = np.arange(1982,2023,5)
year_tick = np.arange(0,len(pc),60)

fig, ax2 = plt.subplots(nrows=nrows, ncols=ncols,\
                        figsize=(15,10))

for j in range(0,3):
  plt.subplot(nrows,ncols,j+1)
  plt.plot(np.arange(0,len(pc),1),pc[:,j],'b',\
                     linewidth=1.5)
  plt.axhline(0,color='k')
  plt.xlabel('Year',fontsize=14)
  plt.ylabel('PC'+str(j+1)+' Amplitude',fontsize=14)
  plt.xticks(year_tick,year,fontsize=12)
  plt.xlim(0,len(pc))
  plt.ylim(np.min(pc.squeeze()), np.max(pc.squeeze()))
```

```
plt.tight_layout()
plt.savefig('sst_eof_ts.png', bbox_inches='tight')
```

EOF 모드 1부터 3까지의 시간 패턴에 대한 time series를 하나의 그림 객체로 나타내었습니다.

9. GRIB 자료의 활용

송강현(skhyunf@gmail.com)

GRIB 파일은 Gridded Binary 파일의 약자로 기상/기후 분야에서 사용되는 자료 형식 중 하나입니다. 수치예보모형에 사용되기 위해 개발되었고, 모형 외에도 기관 간에 자료를 교환하거나 자료를 저장할 때도 널리 사용되고 있습니다. 다만, 보다 사용이 편한 NetCDF 형식의 파일이 보편화됨에 따라 사용빈도가 줄고 있는 상황입니다. 더욱이, 컴퓨터 성능과 함께 서버의 저장 용량도 효율화됨에 따라 GRIB 파일의 장점도 줄어들게 되어 GRIB 파일을 다룰 일이 더욱 줄었습니다.

하지만, 여전히 현업 기관들에서 GRIB 형식의 파일을 제공하고 있고, 일부 기후모형에서 GRIB 형식의 파일을 사용하고 있기 때문에 상황에 따라서 GRIB 형식의 자료를 다뤄야 할 경우가 생깁니다. 이러한 필요에 의해 본 챕터에서는 파이썬에서 GRIB 형식의 파일을 어떻게 읽을 수 있는지, 그리고 어떻게 가공하여 출력할 수 있는지 다루고자 합니다.

최근 접할 수 있는 GRIB 자료는 GRIB1 혹은 GRIB2 형식이 대부분입니다. GRIB2가 더 최근 버전의 형식이나, 여전히 GRIB1 자료가 많기 때문에 본 챕터에서는 GRIB1을 주로 다룰 예정입니다. 따라서 본 챕터에서의 GRIB은 GRIB1을 지칭합니다. GRIB2 형식의 자료는 GRIB1 자료를 다루는 방법과 크게 다르지 않기 때문에, GRIB1을 다루는 것만으로도 충분할 것입니다.

9-1. GRIB 자료 활용을 위한 준비

9-1-1. Wgrib 및 pygrib 라이브러리 설치

Wgrib은 GRIB 파일을 읽을 수 있는 프로그램의 일종으로 GRIB 파일의 인벤토리를 생성함으로써 GRIB 파일 내의 헤더 정보를 파악할 수 있도록 합니다. 단순한 헤더 정보 확인 외에도 다른 기능이 있지만, 쉽게 파일의 헤더를 읽는 프로그램이라고 생각하면 됩니다. NetCDF 파일의 헤더 정보를 읽어 보기 위해 "ncdump -h" 명령어를 사용하는 것과 비슷하다고 생각합니다.

Pygrib 라이브러리는 파이썬 내에서 GRIB 파일을 다루기 위해 필요한 라이브러리입니다. GRIB 파일을 다루기 위해 필요한 라이브러리들은 Conda 환경에서 아래 명령어를 통해 설치할 수 있습니다.

```
# wgrib 라이브러리 설치
<프롬프트> conda install -c conda-forge wgrib
# 이하 pygrib 라이브러리 설치
<프롬프트> conda install -c conda-forge pygrib
```

9-1-2. GRIB 파일 다운로드

GRIB 파일을 다루는 연습을 위해 ERA5에서 제공한 1950년 1월 1일 6시간 동서바람 자료를 사용해 보도록 하겠습니다(Hersbach et al. 2023). 해당 자료는 웹사이트를 통해 다운로드 받을 수 있습니다(https://cds.climate.copernicus.eu/cdsapp#!/dataset/reanalysis-era5-pressure-levels?tab=form). 자료를 직접 받기 어려운 깃허브로 제공되는 자료를 사용하실 수 있습니다. 다만, 제공되는 자료는 파일 크기를 고려하여 00, 06, 12, 18시로 나눠져 있으며, cat 명령어를 통해 하나의 파일로 합쳐야 다음 예제와 동일한 결과를 얻을 수 있습니다. 파일을 합치는 방법은 자료 폴더 "Ch09-0.Readme_Before_Start.txt" 파일을 확인해 주시기를 바랍니다.

9-1-3. GRIB 파일 헤더 확인하기

파이썬에서 GRIB 파일을 수정하기에 앞서 먼저 GRIB 파일 정보를 확인해 보도록 합니다. 앞서 이야기 드린 것과 같이 wgrib 프로그램의 첫 번째 용도는 주어진 GRIB 파일의 인벤토리를 만드는 것입니다. 해당 인벤토리 정보를 통해 간단히 GRIB 파일의 헤더를 확인해 볼 수 있습니다. 출력되는 인벤토리는 GRIB 파일의 정보를 콜론(:)으로 구분합니다. Wgrib을 사용하는 기본 구조는 아래와 같습니다.

형식	
wgrib [input file] [option]	
매개변수	**설정하는 특성**
[input file]	확인하고자 하는 GRIB 파일명
[option]	필요한 옵션 설정 예) -s/-v/-V

표 9-1. GRIB 파일 정보를 확인하기 위한 "wgrib" 명령어

본 챕터에서는 주로 많이 사용하는 인벤토리 출력과 관련된 옵션을 위주로 설명하도록 하겠습니다. 옵션에 대한 보다 자세한 정보는 https://ftp.cpc.ncep.noaa.gov/wd51we/wgrib/readme를 참고하시길 바랍니다.

인벤토리 출력과 관련된 옵션은 -s/-v/-V 총 세 가지가 있습니다. 만약, 어느 옵션도 사용하지 않을 때에는 기본으로 설정된 일반적인 인벤토리가 출력됩니다. 예제를 통해 확인해 보도록 하겠습니다. 옵션을 설정하지 않고 아래 명령어를 입력해 봅니다.

```
<프롬프트> wgrib ${파일위치}/U.19500101.grb
```

```
1:0:d=50010100:U:kpds5=131:kpds6=100:kpds7=1:TR=0:P1=0:P2=0:TimeU=1:1 mb:anl:type=analysis:NAve=0
2:2076600:d=50010100:U:kpds5=131:kpds6=100:kpds7=2:TR=0:P1=0:P2=0:TimeU=1:2 mb:anl:type=analysis:NAve=0
3:4153200:d=50010100:U:kpds5=131:kpds6=100:kpds7=3:TR=0:P1=0:P2=0:TimeU=1:3 mb:anl:type=analysis:NAve=0
4:6229800:d=50010100:U:kpds5=131:kpds6=100:kpds7=5:TR=0:P1=0:P2=0:TimeU=1:5 mb:anl:type=analysis:NAve=0
5:8306400:d=50010100:U:kpds5=131:kpds6=100:kpds7=7:TR=0:P1=0:P2=0:TimeU=1:7 mb:anl:type=analysis:NAve=0
6:10383000:d=50010100:U:kpds5=131:kpds6=100:kpds7=10:TR=0:P1=0:P2=0:TimeU=1:10 mb:anl:type=analysis:NAve=0
7:12459600:d=50010100:U:kpds5=131:kpds6=100:kpds7=20:TR=0:P1=0:P2=0:TimeU=1:20 mb:anl:type=analysis:NAve=0
```

그림 9-1. Wgrib 명령어 실행 시 출력되는 화면.

명령어를 입력 시 프롬프트 상에 그림 9-1과 같이 GRIB 파일의 인벤토리가 출력되는 것을 확인할 수 있습니다. 재분석자료나 현업모형에서 제공하는 GRIB 형태의 모든 파일을 확인할 수 있으며, "-ncep_rean" 등과 같은 옵션을 통해 NCEP 재분석자료 테이블 정보를 이용한 인벤토리 생성이 가능합니다. 실질적으로 많이 사용하지 않는 옵션입니다.

GRIB 파일의 특징이 있다면, 하나의 자료 묶음 단위가 2차원(대부분 경도×위도)이라는 점입니다. 그렇기 때문에 wgrib을 통해 확인된 헤더 정보를 보면 경도와 위도 정보는 없고, ASCII 파일처럼 2차원으로 구성된 자료 묶음이 누적되어 나타남을 확인할 수 있습니다. 기본 옵션에서 제공되는 인벤토리 정보를 자세히 확인해 보도록 하겠습니다. 콜론으로 구분된 인벤토리 구성은 다음과 같습니다.

1. 기록된 순서
2. Byte 상의 위치
3. 날짜(YYMMDDHH)
4. 변수명
5. 변수 지시자(kpds5)
6. 연직층 유형 지시자(kpds6)
7. 주어진 연직층 정보(kpds7; 고도, 등압면 등)
8. 시간 범위(Time Range; TR)
9. 시간 1의 기간(P1)
10. 시간 2의 기간(P2)

12. 예보 시간 단위(TimeU)

13. 연직층 정보

14. anl=analysis, fcst=forecast

15. 평균에 사용된 격자 개수(NAve)

재분석 자료를 기준으로 위 정보 중 필수적인 정보는 1, 3, 4, 7, 12 정도입니다. 아래 예제를 통해 구체적으로 확인해 보도록 하겠습니다.

```
77:157821600:d=50010112:U:kpds5=131:kpds6=100:kpds7=3:TR=0:P1
=0:P2=0:TimeU=1:3 mb:anl:type=analysis:NAve=0
```

위 예제에서 "77"은 해당 자료가 77번째에 해당한다는 의미입니다. 그리고 "d=50010112"는 "D=YYMMDDHH"에 해당하며 년도, 월, 일, 시간을 의미합니다. 여기에서는 1950년 1월 1일 12시 자료라는 의미입니다. 참고로 00UTC 기준입니다. 바로 뒤에 "U"는 동서바람(u-wind)를 의미합니다. 그리고 "kpds5=131"은 재분석자료마다 각 변수에 부여한 인덱스 번호입니다. ERA5 자료는 동서바람을 131로 지칭함을 알 수 있습니다. 다음으로 중요한 것은 "kpds7=3"입니다. 이 자리에는 연직정보가 표시됩니다. 제공받은 자료가 hPa을 단위로 하는 등압면 자료임을 알고 있기 때문에, 해당 정보가 "3 hPa" 등압면을 의미한다고 이해할 수 있습니다. 앞서 그림 9-1에서 보면 해당 위치의 정보들이 1, 3, 5, 7, 10, 20, …, 925, 950, 975, 1000으로 나열된 것은 37개의 각 연직 정보에 해당합니다. 비슷하게 "TimeU=1" 뒤에 "3 mb"는 3 mb(=3 hPa) 연직고도에 해당하는 자료임을 다시 한번 보여 줍니다.

이제 옵션을 활용하여 출력되는 인벤토리에 어떤 차이가 있는지 확인해 보도록 하겠습니다. 먼저 -s 옵션은 출력되는 인벤토리를 간략하게(short) 보여 줍니다. 사용 방법은 다음과 같습니다.

```
<프롬프트> wgrib ${파일위치}/U.19500101.grb -s
```

위의 명령어를 입력 시 아래와 같이 출력됨을 확인할 수 있습니다.

```
1:0:d=50010100:U:1 mb:anl:type=analysis:NAve=0
2:2076600:d=50010100:U:2 mb:anl:type=analysis:NAve=0
3:4153200:d=50010100:U:3 mb:anl:type=analysis:NAve=0
4:6229800:d=50010100:U:5 mb:anl:type=analysis:NAve=0
5:8306400:d=50010100:U:7 mb:anl:type=analysis:NAve=0
6:10383000:d=50010100:U:10 mb:anl:type=analysis:NAve=0
7:12459600:d=50010100:U:20 mb:anl:type=analysis:NAve=0
```

그림 9-2. 아나콘다 프롬프트에서 주어진 GRIB 파일에 wgrib 명령어와
-s 옵션을 추가했을 때 출력되는 화면.

기본 출력보다 간단한 형태로 인벤토리가 출력되고 있음을 확인할 수 있습니다. 필수 정보인 자료 순서, 시간 정보, 변수 정보, 고도 정보 등을 모두 담고 있기 때문에, 해당 옵션만으로도 필요한 정보를 간결하게 확인할 수 있습니다.

다음으로 -v 옵션에 대해 알아보도록 하겠습니다. -v 옵션은 기본 출력보다 간략하지만 -s 옵션보다는 구체적인 정보를 출력합니다. 확인을 위해 다음과 같이 명령어를 입력해 봅니다.

```
<프롬프트> wgrib $파일경로/U.19500101.grb -v
```

```
1:0:D=1950010100:U:1 mb:kpds=131,100,1:anl:type=analysis:winds are N/S:"U velocity [m s**-1]
2:2076600:D=1950010100:U:2 mb:kpds=131,100,2:anl:type=analysis:winds are N/S:"U velocity [m s**-1]
3:4153200:D=1950010100:U:3 mb:kpds=131,100,3:anl:type=analysis:winds are N/S:"U velocity [m s**-1]
4:6229800:D=1950010100:U:5 mb:kpds=131,100,5:anl:type=analysis:winds are N/S:"U velocity [m s**-1]
5:8306400:D=1950010100:U:7 mb:kpds=131,100,7:anl:type=analysis:winds are N/S:"U velocity [m s**-1]
6:10383000:D=1950010100:U:10 mb:kpds=131,100,10:anl:type=analysis:winds are N/S:"U velocity [m s**-1]
7:12459600:D=1950010100:U:20 mb:kpds=131,100,20:anl:type=analysis:winds are N/S:"U velocity [m s**-1]
```

그림 9-3. -v 옵션에서 출력되는 화면.

그림 9-2와 비교해 보면 kpds 정보나 변수에 대한 구체적인 정보("U velocity") 등이 추가로 확인되는 것을 알 수 있습니다. 하지만, 그림 9-1과 비교했을 때는 상대적으로 정보가 줄어든 것을 알 수 있습니다. 예를 들어, 기본 출력에서는 kpds5, 6, 7로 각각 표시가 되었다면, -v 옵션에서는 kpds로 압축되어 출력되고 있습니다. 그리고 예측과 관련된 시간 정보가 출력되지 않는 것을 알 수 있습니다.

마지막으로 -V 옵션으로 GRIB 파일 정보를 확인해 보도록 하겠습니다. 사용 방법은 아래와 같습니다.

```
<프롬프트> wgrib $파일경로/U.19500101.grb -V
```

```
rec 1:0:date 1950010100 U kpds5=131 kpds6=100 kpds7=1 levels=(0,1) grid=255 1 mb ECext=1 class=23 type=analysi
s stream=1025 Version=0001 anl:
  U=U velocity [m s**-1]
  timerange 0 P1 0 P2 0 TimeU 1  nx 1440 ny 721 GDS grid 0 num_in_ave 0 missing 0
  center 98 subcenter 0 process 145 Table 128 scan: WE:NS winds(N/S)
  latlon: lat  90.000000 to -90.000000 by 0.250000  nxny 1038240
          long 0.000000 to 359.750000 by 0.250000, (1440 x 721) scan 0 mode 128 bdsgrid 1
  min/max data -110.173 144.112  num bits 16  BDS_Ref -110.173  DecScale 0 BinScale -8

rec 2:2076600:date 1950010100 U kpds5=131 kpds6=100 kpds7=2 levels=(0,2) grid=255 2 mb ECext=1 class=23 type=a
nalysis stream=1025 Version=0001 anl:
  U=U velocity [m s**-1]
  timerange 0 P1 0 P2 0 TimeU 1  nx 1440 ny 721 GDS grid 0 num_in_ave 0 missing 0
  center 98 subcenter 0 process 145 Table 128 scan: WE:NS winds(N/S)
  latlon: lat  90.000000 to -90.000000 by 0.250000  nxny 1038240
          long 0.000000 to 359.750000 by 0.250000, (1440 x 721) scan 0 mode 128 bdsgrid 1
  min/max data -73.3201 111.938  num bits 16  BDS_Ref -73.3201  DecScale 0 BinScale -8

rec 3:4153200:date 1950010100 U kpds5=131 kpds6=100 kpds7=3 levels=(0,3) grid=255 3 mb ECext=1 class=23 type=a
nalysis stream=1025 Version=0001 anl:
  U=U velocity [m s**-1]
  timerange 0 P1 0 P2 0 TimeU 1  nx 1440 ny 721 GDS grid 0 num_in_ave 0 missing 0
  center 98 subcenter 0 process 145 Table 128 scan: WE:NS winds(N/S)
  latlon: lat  90.000000 to -90.000000 by 0.250000  nxny 1038240
          long 0.000000 to 359.750000 by 0.250000, (1440 x 721) scan 0 mode 128 bdsgrid 1
  min/max data -63.5127 97.0303  num bits 16  BDS_Ref -63.5127  DecScale 0 BinScale -8
```

그림 9-4. -V 옵션에서 출력되는 화면.

그림 9-4는 -V 옵션에서 출력되는 인벤토리 정보만 보여 줍니다. -V 옵션은 앞서 보여준 대부분의 정보를 출력해 주고 있으며, 특히 유저 편의성이 두드러지고 있습니다. 예를 들어, 날짜 정보 앞에 "date"가 나오는 등 각 정보에 대한 간략한 설명이 같이 출력되고 있으며, 경도와 위도 정보도 같이 확인할 수 있습니다.

대부분의 정보는 기본 출력으로 확인되는 정보들이지만, 세 번째 줄부터는 앞의 옵션에서 확인하기 어려운 정보들도 같이 출력됩니다. 예를 들어, "nx 1440 ny 721"라는 정보를 통해 x와 y의 개수를 확인할 수 있습니다. 또한 "latlon" 정보에서는 위도와 경도가 각각 시작점이 어떻게 되는지, 그리고 격자 간의 위/경도 간격이 어떻게 되는지 확인할 수 있습니다. 주어진 GRIB 파일의 경우, 경도 정보는 0도에서부터 359.75도까지 0.25도 간격으로 총 1440개의 격자가 존재하며, 위도 정보는 -90도에서부터 90도까지 0.25도 간격으로 총 721개의 격자가 존재하는 자료입니다. 추가적으로 자료의 최대, 최솟값을 보여 주어 자료 상태를 간접적으로 파악할 수 있습니다.

마지막으로 덧붙이자면, wgrib이 아닌 NCL 소프트웨어를 이용하여 GRIB 파일 헤더 정보를 읽을 수 있습니다. 해당 소프트웨어가 설치되어 있다면, "ncl_filedump" 명령어로 손쉽게 사용할 수 있습니다.

```
<프롬프트> ncl_filedump $파일경로/U.19500101.grb
```

해당 명령어는 GRIB 파일 외에도 NetCDF, HDF 등 다양한 형태의 파일 헤더를 읽어 볼 수 있기 때문에, "ncdump"로 읽히지 않는 NetCDF 파일을 읽을 때도 사용해 볼 수 있습니다. 자세한 설명은 본 책의 범위를 넘어가기 때문에, 개별적으로 "ncl_filedump" 명령어를 찾아보면 좋을 것 같습니다.

9-1-4. 간단한 GRIB 파일 병합 및 추출

파이썬으로 자료를 편집하는 것이 가능하지만, 간단한 파일 병합 및 내부 자료 추출은 파이썬을 활용하지 않더라도 가능합니다. 파일 병합을 위해 사용할 수 있는 가장 손쉬운 명령어는 cat 명령어입니다. 만약 아나콘다 프롬프트를 사용하는 윈도우 사용자라면 cat 대신 type을 사용할 수 있습니다.

Cat 명령어를 활용한 파일을 병합하는 방법은 다음과 같습니다.

형식	
cat [input file 1] [input file 2] > [output file]	
매개변수	**설정하는 특성**
[input file 1]	병합하고자 하는 첫 번째 파일명
[input file 2]	병합하고자 하는 두 번째 파일명 * 단, 다른 리눅스 명령어들과 마찬가지로 *, ? 등이 사용가능하기 때문에, 해당 매개변수는 생략될 수 있습니다.
[output file]	병합된 파일명

표 9-2. GRIB 파일 병합을 위한 "Cat" 명령어

Cat을 활용한 예제는 다음에 이어지는 GRIB 파일 추출 후, 추출된 파일을 가지고 병합을 수행해 보도록 하겠습니다.

다음으로 파일 내에 특정 자료들만 추출하는 방법입니다. wgrib 헤더 정보를 활용하기 때문에, wgrib 라이브러리가 필수이며 자료를 특정하기 위해 grep 명령어를 같이 사용해야 합니다. 만약, 아나콘다 프롬프트를 사용한다면 grep 대신 find를 사용할 수 있습니다.

Grep은 리눅스 기반 명령어이며, 하나 혹은 여러 파일 내에 존재하는 특정 패턴을 찾아주고 해당 패턴을 포함하는 모든 행(line)을 출력해 주는 기능이 있습니다. 일반적으로는 단독으로 사용하여, 작성한 코드 중 특정 라이브러리를 사용하거나 특정 변수를 사용하는 것들을 확인하는 용도 등으로 사용합니다. 사용 방법은 다음과 같습니다.

형식	
grep "[pattern]" [input file]	
매개변수	**설정하는 특성**
[pattern]	출력하고자 하는 패턴

[input file]	출력할 대상이 되는 원본 파일

표 9-3. 특정 패턴을 출력하기 확인하기 위한 "grep" 명령어

파일을 추출하기에 앞서 grep 명령어를 간단한 예제를 통해 알아보도록 하겠습니다. Wgrib 프로그램을 통해 GRIB 파일의 인벤토리를 출력하되, 500 hPa 고도의 자료들만 출력하도록 하겠습니다. 앞서 그림 9-1~9-3을 통해 고도 정보는 mb로 표시되는 것을 알 수 있었습니다. 이를 참고하여 아래와 같이 명령어를 입력해 봅니다. 참고로 파이프 라인(|)은 여러 명령어를 순차적으로 동시에 처리할 때 사용합니다.

```
<프롬프트> wgrib $파일경로/U.19500101.grb | grep "500 mb"
```

명령어를 입력하면 아래 그림 9-5와 같이 "500 mb"가 포함된 행들이 추출되는 것을 확인할 수 있습니다.

```
22:43608600:d=50010100:U:kpds5=131:kpds6=100:kpds7=500:TR=0:P1=0:P2=0:TimeU=1:500 mb:anl:type=analysis:NAve=0
59:120442800:d=50010106:U:kpds5=131:kpds6=100:kpds7=500:TR=0:P1=0:P2=0:TimeU=1:500 mb:anl:type=analysis:NAve=0
96:197277000:d=50010112:U:kpds5=131:kpds6=100:kpds7=500:TR=0:P1=0:P2=0:TimeU=1:500 mb:anl:type=analysis:NAve=0
133:274111200:d=50010118:U:kpds5=131:kpds6=100:kpds7=500:TR=0:P1=0:P2=0:TimeU=1:500 mb:anl:type=analysis:NAve=0
```

그림 9-5. 인벤토리 내에 500 hPa 고도의 자료만 출력하는 예제.

위 그림에서 확인할 수 있는 것처럼 500 hPa 고도에 해당하는 00, 06, 12, 18시 자료들이 출력되었습니다.

이어서 wgrib 프로그램에 있는 디코딩 옵션에 대해 간략하게 알아보도록 하겠습니다. 디코딩 과정은 원본파일을 기반으로 의도한 자료를 저장하는 과정으로 볼 수 있습니다. 대부분의 경우 단독으로 사용되기보다는 grep을 활용하여 원하는 자료를 추출하는 데 같이 사용됩니다. 사용 방법은 아래와 같으며, 예제는 grep을 활용한 자료 추출로 대체하도록 하겠습니다.

형식
wgrib -i [option] [input file] -o [output file]

매개변수	설정하는 특성
[input file]	추출을 위한 원본 GRIB 파일명
[output file]	저장하고자 하는 GRIB 파일명
[option]	저장에 필요한 옵션 설정 예) -text, -ieee, -bin, -grib

표 9-4. GRIB 자료 추출을 위한 "wgib" 명령어

앞서 언급된 grep과 wgrib의 디코딩 옵션을 이용하면, 출력된 인벤토리에서 원하는 특정 패턴들만 골라낸 뒤 저장할 수 있습니다. 사용 방법은 아래와 같습니다.

```
<프롬프트> wgrib $파일경로/U.19500101.grb | grep "500 mb" |
wgrib -i -grib $파일경로/U.19500101.grb -o U500.19500101.grb
```

위 명령어를 파이프라인에 따라 순서대로 이해해 보도록 하겠습니다. 먼저 처음 wgrib을 통해 그림 9-1과 같이 인벤토리를 출력하는 과정을 거칩니다. 파이프라인 이후 grep 명령어를 통해 앞서 출력된 인벤토리 내용 중 "500 mb"가 포함된 인벤토리만 출력할 수 있습니다. 마지막 파이프라인 이후 디코딩 과정에서는 500 hPa 고도자료만 추출된 "U500.19500101.grb" 파일을 생성합니다.

의도한 자료가 정상적으로 추출되었는지 아래 명령어를 통해 확인해 보도록 하겠습니다.

```
<프롬프트> wgrib U500.19500101.grb
```

```
1:0:d=50010100:U:kpds5=131:kpds6=100:kpds7=500:TR=0:P1=0:P2=0:TimeU=1:500 mb:anl:type=analysis:NAve=0
2:2076588:d=50010106:U:kpds5=131:kpds6=100:kpds7=500:TR=0:P1=0:P2=0:TimeU=1:500 mb:anl:type=analysis:NAve=0
3:4153176:d=50010112:U:kpds5=131:kpds6=100:kpds7=500:TR=0:P1=0:P2=0:TimeU=1:500 mb:anl:type=analysis:NAve=0
4:6229764:d=50010118:U:kpds5=131:kpds6=100:kpds7=500:TR=0:P1=0:P2=0:TimeU=1:500 mb:anl:type=analysis:NAve=0
```

그림 9-6. 인벤토리 내에 500 hPa 고도만 추출한 자료의 인벤토리.

그림 9-6을 통해 500 hPa 자료들만 추출된 것을 확인할 수 있습니다. 그림 9-5와 달리 자료 위치가 22, 59, 96, 133번이 아닌 1, 2, 3, 4번에 해당하는 것으로 확인됩니다. 차이가 나는 이유는 그림 9-5에서는 전체 자료 중 일부의 인벤토리를 출력한 반면, 그림 9-6은 추출된 자료의 인벤토리를 출력했기 때문입니다.

참고로 grep에 들어가는 패턴은 반드시 500 mb와 같이 정형화된 문구일 필요는 없습니다. wgrib에서 출력되는 행 내부에 존재하는 모든 문구가 가능하며, 가령 "kpds5=131"과 같은 패턴도 가능합니다. 다만, 의도와 다르게 출력될 수 있으니 유의하시기 바랍니다. 가령 예를 들어, "500" 과 같이 사용자의 의도는 500 hPa이었지만, 19500101 날짜 정보 내의 500이 인식되어 원하지 않는 정보를 출력할 수 있습니다.

다음으로 넘어가기 전 앞서 cat 명령어를 사용한 GRIB 파일 병합과 관련된 예제를 하나 다루도록 하겠습니다. Grep을 활용하여 추출된 500 hPa 자료와 새로 200 hPa 자료를 추출한 뒤, 두 자료를 cat을 이용하여 합쳐 보도록 하겠습니다. 200 hPa 자료는 위의 예제를 이용하여 "U200.19500101.grb"에 저장했습니다. 다음 명령어를 실행해 봅니다.

```
<프롬프트> cat U500.19500101.grb U200.19500101.grb > U.test.grb
<프롬프트> wgrib U.test.grb
```

```
1:0:d=50010100:U:kpds5=131:kpds6=100:kpds7=500:TR=0:P1=0:P2=0:TimeU=1:500 mb:anl:type=analysis:NAve=0
2:2076588:d=50010106:U:kpds5=131:kpds6=100:kpds7=500:TR=0:P1=0:P2=0:TimeU=1:500 mb:anl:type=analysis:NAve=0
3:4153176:d=50010112:U:kpds5=131:kpds6=100:kpds7=500:TR=0:P1=0:P2=0:TimeU=1:500 mb:anl:type=analysis:NAve=0
4:6229764:d=50010118:U:kpds5=131:kpds6=100:kpds7=500:TR=0:P1=0:P2=0:TimeU=1:500 mb:anl:type=analysis:NAve=0
5:8306352:d=50010100:U:kpds5=131:kpds6=100:kpds7=200:TR=0:P1=0:P2=0:TimeU=1:200 mb:anl:type=analysis:NAve=0
6:10382940:d=50010106:U:kpds5=131:kpds6=100:kpds7=200:TR=0:P1=0:P2=0:TimeU=1:200 mb:anl:type=analysis:NAve=0
7:12459528:d=50010112:U:kpds5=131:kpds6=100:kpds7=200:TR=0:P1=0:P2=0:TimeU=1:200 mb:anl:type=analysis:NAve=0
8:14536116:d=50010118:U:kpds5=131:kpds6=100:kpds7=200:TR=0:P1=0:P2=0:TimeU=1:200 mb:anl:type=analysis:NAve=0
```

그림 9-7. wgrib으로 병합된 파일 인벤토리 확인.

9-1-5. GRIB 파일 NetCDF 파일로 변환

대중적으로 GRIB보다는 NetCDF 형식의 파일을 더 많이 사용하기 때문에, GRIB 파일을 NetCDF 형식의 파일로 간단히 변환하는 방법을 설명하도록 하겠습니다. 다양한 방법 중에 변환 시 오류가 가장 적고 편리했던 CDO(Climate Data Operator) 프로그램을 이용한 방법을 설명하도록 하겠습니다.

CDO 프로그램은 기상/기후 자료를 편리하게 다루기 위해 개발되었으며, GRIB 혹은 NetCDF 형식의 파일을 쉽게 가공할 수 있다는 장점을 가집니다. 일반적으로 통계적인 계산을 손쉽게 처리하기 위해 사용하지만, 파일 변환과 같은 다른 기능들도 존재합니다. 이번 챕터에서는 간단히 GRIB 형식의 파일을 NetCDF 파일 형식으로 변환하는 것만 다루도록 하겠습니다. CDO 프로그램은 다음과 같이 설치할 수 있습니다.

```
<프롬프트> conda install -c conda-forge cdo
```

CDO가 설치되었다면 아래 명령어를 통해 GRIB 파일을 NetCDF 파일로 변환이 가능합니다. 자세한 옵션 설명은 생략하도록 하겠습니다.

```
<프롬프트> cdo -f nc copy $파일경로/U.19500101.grb U.19500101.nc
```

CDO의 위 명령어를 변형하면 역변환도 가능합니다. 다만, 저자의 경험상 GRIB 파일을 NetCDF 파일로 변환할 때는 문제가 없었으나, 역변환 시에는 파일이 깨지는 등 변환이 불안정할 때가 있습니다. 안정성 측면을 고려하여 GRIB 파일에서 NetCDF 파일 변환 시에만 사용할 것을 권장합니다.

9-2. 파이썬을 이용하여 GRIB 자료 불러오고 저장하기

9-2-1. GRIB 자료 불러오기

GRIB 자료를 파이썬에서 읽기 위해 앞서 받아 놓은 pygrib 라이브러리가 필요합니다. 단순히 GRIB 파일을 읽는 예제는 다음과 같습니다. 아래 코드는 제공된 "Ch09-1a. read_grb.py"와 같습니다.

```
# 1.read_grb.py
import pygrib as pg
# idir은 input 파일 디렉토리 위치입니다.
# ifnam은 input 파일 이름입니다.
idir='./Data/'
ifnam='U.19500101.grb'
fi=pg.open(idir+ifnam)

for grb in fi:
# 자료는 wgrib 때와 같이 2차원 자료를 하나의 단위로 읽습니다.
   print(grb)
```

위 코드는 파이썬 내에 pygrib 라이브러리를 불러온 뒤 for 문을 활용하여 GRIB 파일 내의 자료를 불러오는 과정을 보여 줍니다. 코드상에서 idir 변수는 개인의 위치에 맞게 변경이 필요합니다. 만약, 'U.19500101.grb' 자료를 코드와 같은 위치에 두었다면, "idir="으로 공란으로 하거나 "idir='./'"로 설정합니다. 그렇지 않은 경우 각자의 환경에 맞게 수정이 필요합니다.

Wgrib 때와 마찬가지로 기본 자료 단위가 2차원이기에, 위/경도 자료를 통째로 불러들입니다. Pygrib의 open 메소드(method)를 통해 불러온 fi 변수를 for 반복 구문을 활용하여 print로 출력할 경우 wgrib에서 출력된 인벤토리와 유사하게 출력되는 것을 확인할 수 있습니다(그림 9-8).

그림 9-8은 '1.read_grb.py' 파일을 수행했을 때 출력되는 화면이며, wgrib 때와 마찬가지로 148번까지 자료가 출력됩니다. 148은 고도×시간='37 pressure levels'x'4 time steps'에 해당하며, 이를 통해 위/경도를 기본 단위로 하는 자료가 출력되는 것을 다시 한번 알 수 있습니다.

```
135:U component of wind:m s**-1 (instant):regular_ll:isobaricInhPa:level 600:fcst time 0 hrs:from 195001011800
136:U component of wind:m s**-1 (instant):regular_ll:isobaricInhPa:level 650:fcst time 0 hrs:from 195001011800
137:U component of wind:m s**-1 (instant):regular_ll:isobaricInhPa:level 700:fcst time 0 hrs:from 195001011800
138:U component of wind:m s**-1 (instant):regular_ll:isobaricInhPa:level 750:fcst time 0 hrs:from 195001011800
139:U component of wind:m s**-1 (instant):regular_ll:isobaricInhPa:level 775:fcst time 0 hrs:from 195001011800
140:U component of wind:m s**-1 (instant):regular_ll:isobaricInhPa:level 800:fcst time 0 hrs:from 195001011800
141:U component of wind:m s**-1 (instant):regular_ll:isobaricInhPa:level 825:fcst time 0 hrs:from 195001011800
142:U component of wind:m s**-1 (instant):regular_ll:isobaricInhPa:level 850:fcst time 0 hrs:from 195001011800
143:U component of wind:m s**-1 (instant):regular_ll:isobaricInhPa:level 875:fcst time 0 hrs:from 195001011800
144:U component of wind:m s**-1 (instant):regular_ll:isobaricInhPa:level 900:fcst time 0 hrs:from 195001011800
145:U component of wind:m s**-1 (instant):regular_ll:isobaricInhPa:level 925:fcst time 0 hrs:from 195001011800
146:U component of wind:m s**-1 (instant):regular_ll:isobaricInhPa:level 950:fcst time 0 hrs:from 195001011800
147:U component of wind:m s**-1 (instant):regular_ll:isobaricInhPa:level 975:fcst time 0 hrs:from 195001011800
148:U component of wind:m s**-1 (instant):regular_ll:isobaricInhPa:level 1000:fcst time 0 hrs:from 195001011800
```

그림 9-8. "Ch09-1a.read_grb.py" 실행 시 출력되는 화면.

9-2-2. Pygrib의 유용한 메소드

앞서 pygrib 라이브러리를 통해 손쉽게 GRIB 파일을 파이썬 내에서 읽어 볼 수 있었습니다. 라이브러리 내부에는 다양한 메소드가 존재하며, 그중 몇 가지는 유용하게 활용할 수 있습니다.

a. Select

Select 메소드는 불러온 자료 중 특정 변수만 추출할 때 사용하는 메소드입니다. 현재 사용하고 있는 U.19500101.grb 파일은 동서바람 하나의 변수만을 포함하고 있기 때문에 자료를 가공하는 것에 큰 문제가 없습니다. 실제 재분석자료의 경우에도 대부분 변수별로 구분되어 자료가 저장이 되기 때문에 특정 변수만 추출해야 할 이유가 없습니다. 하지만, 모델 입/출력 자료 혹은 상황에 따라서 여러 변수가 합쳐진 자료를 다룰 수 있습니다. 이 경우를 대비해 간단히 select 메소드를 소개하고자 합니다.

Select 메소드는 아래 예시와 같이 코드 내부에서 사용이 가능합니다. 이때 select를 사용하기 위해서는 변수 이름을 알아야 하는데, wgrib으로 확인되는 변수명과는 차이가 있으므로 pygrib에서 인식한 변수명으로 작성해 주어야 합니다. 다소 번거롭지만 앞서 그림 9-8에서와 같이 pygrib에서 인식한 변수명을 참고해야만 합니다. 아래 코드는 제공된 "Ch09-1b.read_grb_select.py"와 같습니다.

형식	
[output]=[input].select(name='[variable name]')	
매개변수	설정하는 특성
[output]	추출된 자료를 저장할 변수
[input]	추출하고자 하는 자료가 저장된 변수
[variable name]	자료에서 추출하고자 하는 변수명

표 9-5. 변수 추출을 위한 ".select()" 메소드

```python
# 1-1.read_grb_select.py
import pygrib as pg

idir='./Data/'
ifnam='U.19500101.grb'
fi=pg.open(idir+ifnam)
var=fi.select(name='U component of wind')

for grb in var:
    print(grb)
```

주어진 'U.19500101.grb' 파일은 단일 변수를 가지는 파일이기 때문에, 출력되는 결과는 그림 9-8과 같습니다.

b. Latlons

Latlons 메소드는 주어진 자료의 위/경도 자료를 추출할 때 사용됩니다. 앞서 wgrib의 -V 옵션을 통해 위/경도 격자 정보를 확인할 수 있었기에, 직접 위/경도 격자 정보를 생성할 수 있습니다. 하지만, 때에 따라 가우시안 격자 등과 같이 직접 격자 정보를 생성이 복잡하기도 하며, 단순 편의성 측면에서도 latlons 메소드를 활용하는 것이 더 효율적이라고 볼 수 있습니다. 사용은 다음과 같습니다. 아래 코드는 제공된 "Ch09-1c.read_grb_latlons.py"와 같습니다.

형식	
[lat], [lon]=[input].latlons()	
매개변수	**설정하는 특성**
[lat]	위도 자료를 저장할 변수
[lon]	경도 자료를 저장할 변수
[input]	위/경도 자료가 저장된 변수

표 9-6. 위/경도 자료 추출을 위한 ".latlons()" 메소드

```
#1-2.read_grb_latlons.py
import pygrib as pg
idir='./Data/'
ifnam='U.19500101.grb'
fi=pg.open(idir+ifnam)
var=fi.select(name='U component of wind')[0]

lats,lons=var.latlons()

print('Latitude = ',lats.min(), lats.max())
print('Longitude = ',lons.min(), lons.max())
```

```
Latitude =  -90.0 90.0
Longitude =   0.0 359.75
```

그림 9-9. 파이썬 실행 후 "Ch09-1c.read_grb_latlons.py" 실행 시 출력되는 화면.

출력된 결과물을 통해 위/경도 정보 자료를 성공적으로 읽었음을 확인할 수 있습니다.

c. Data

다음으로 유용한 메소드로 data 메소드가 있습니다. Data 메소드는 읽어 들인 2차원 변수 자료에서 특정 도메인(위/경도)에 대한 자료만 다시 한번 추출할 때 사용합니다. 예를 들어, 동아시아 등과 같은 특정 지역에 대한 분석을 할 때 혹은 특정 위도 범위에 대한 자료만 필요할 때 등 유용하게 사용 가능합니다.

형식	
[output],[lat],[lon]=[input].data(lat1=[min lat],lat2=[max lat],lon1=[min lon],lon2=[max lon])	
매개변수	**설정하는 특성**
[output]	추출된 자료를 저장할 변수, numpy array 형식
[lat]	지정된 도메인의 위도 자료 변수
[lon]	지정된 도메인의 경도 자료 변수
[min lat]	지정된 도메인의 위도 최솟값
[max lat]	지정된 도메인의 위도 최댓값
[min lat]	지정된 도메인의 경도 최솟값

표 9-7. 특정 도메인 자료 추출을 위한 ".data()" 메소드

실사용 예제는 다음 9-2-3에서 같이 다루어 보도록 하겠습니다.

d. Values

Values 메소드는 불러온 GRIB 자료에서 실질적으로 자료 분석에 사용되는 자료 값을 추출할 때 사용됩니다. Values추출된 값은 numpy array 형태로 변환되는 특징을 보입니다. 사용은 다음과 같습니다.

형식	
[output]=[input].values	
매개변수	**설정하는 특성**
[output]	자료 값을 저장할 변수, numpy array 형식
[input]	자료 값이 저장된 변수

표 9-8. 자료 값만을 추출하기 위한 ".values" 메소드

Values 메소드 또한 실사용 예제를 다음 9-2-3에서 다루도록 하겠습니다.

9-2-3. GRIB 자료 저장

이제 GRIB 파일로 불러온 자료를 수정하고 이를 새로운 파일로 저장해 보는 것을 알아보겠습니다. 자료 저장을 위해서는 tostring, write, close 메소드를 사용해야 합니다.

파일을 저장하기 위해서는 저장할 파일을 새로 불러와야 합니다. 일반적인 파이썬 코딩과 마찬가지로 'wb' 모드로 출력하고자 하는 새로운 파일을 생성합니다. Tostring 메소드의 경우 GRIB 파일 형태로 저장할 수 있도록 주어진 자료를 변환하는 과정에서 필요합니다. 그리고 tostring으로 저장된 자료를 write 메소드를 통해 지정된 출력 파일에 저장할 수 있습니다. 마지막으로 close 메소드는 여타 다른 파이썬 코드에서도 활용되는 것처럼 저장하기 위해 생성했던 파일을 더이상 사용할 수 없도록 닫아 둘 때 사용합니다. tostring에 대한 사용 방법은 다음과 같습니다. 아래 코드는 제공된 "Ch09-2.read_write_grb.py"와 같습니다.

형식	
[msg]=[input].tostring()	
매개변수	설정하는 특성
[msg]	GRIB 파일 형식으로 변환된 자료 변수
[input]	저장하고자 하는 자료 변수

표 9-9. GRIB으로 저장하기 위해 필요한 ".tostring()" 메소드

```python
# 2.read_write_grb.py
import pygrib as pg

idir='./Data/'
# odir은 output 파일 디렉토리 위치입니다.
odir=idir

ifnam='U.19500101.grb'
# ofnam은 output 파일 이름입니다.
ofnam='U.19500101.test.grb'

fi=pg.open(idir+ifnam)
ofi=open(odir+ofnam,'wb')

for grb in fi:
    msg=grb.tostring()
    ofi.write(msg)

ofi.close()
```

위와 같은 코드를 입력하면 'U.19500101.test.grb'라는 새로운 파일이 생성된 것을 확인할 수 있습니다.

단순히 저장하는 것을 넘어 불러들인 자료를 가공한 뒤 저장하는 것을 연습해 보겠습니다. 자료의 값을 수정해야 하므로, 앞서 잠깐 코드에서 언급된 values 메소드를 사용합

니다. 아래 코드는 제공된 "Ch09-3.read_grb_mdf.py"와 같습니다.

```python
# 3.read_write_grb_mdf.py
import pygrib as pg

idir='./Data/'
odir=idir

ifnam='U.19500101.grb'
ofnam='U.19500101.mdf.grb'

fi=pg.open(idir+ifnam)
ofi=open(odir+ofnam,'wb')

for grb in fi:
# 기존 값에 10배를 한 뒤 저장합니다.
    grb.values=10*grb.values
 msg=grb.tostring()
    wrt=ofi.write(msg)

ofi.close()
```

위와 같이 코드를 작성한 뒤 프로그램을 실행하면, 'U.19500101.mdf.grb'라는 10배 풍속이 강해진 새로운 자료가 생성됩니다. 변환이 잘되었는지 확인해 보기 위해, 아래와 같이 간단히 비교해 볼 수 있는 코드를 실행해 봅니다. 아래 코드는 제공된 "Ch09-4.compare_two_data.py"와 같습니다.

```python
# 4.compare_two_data.py
import pygrib as pg
import matplotlib.pyplot as plt
```

```python
import matplotlib.gridspec as gridspec

idir='./Data/'
ifnam='U.19500101.grb'
ifnam2='U.19500101.mdf.grb'
fi=pg.open(idir+ifnam)
fi2=pg.open(idir+ifnam2)
# 인덱스 21번은 00시 500 hPa 자료에 해당합니다.
grb=list(fi)[21]
grb2=list(fi2)[21]

lats,lons=grb.latlons()

data=grb.values
data2=grb2.values
gs1=gridspec.GridSpec(1, 2, left=0.1, right=0.9, top=0.9,\
 bottom=0.1)
for i in range(2):
        if i==0:
                result=list(data)
        if i==1:
                result=list(data2)
        ax=plt.subplot(gs1[i],projection=ccrs.PlateCarree())
        c=ax.pcolormesh(lons, lats, result,\
 transform=ccrs.PlateCarree(), cmap='coolwarm')

        gl = ax.gridlines(crs=ccrs.PlateCarree(),\
 draw_labels=True, linewidth=1, color='gray',\
 alpha=0.5, linestyle='--')
gl.top_labels = False
        gl.left_labels = False
        gl.xlines = False
        gl.xlabel_style={'size':8}
        gl.ylabel_style={'size':8}

        cbar=plt.colorbar(c,ax=ax, orientation='horizontal')
        cbar.set_label('Zonal Wind (m/s)')
```

```
        plt.title('U at 500 hPa')
        plt.gca().coastlines()
plt.show()
```

코드를 실행하면 아래와 같이 두 그림이 그려집니다. 좌우 그림을 보면 패턴은 정확히 일치하며, 단위만 10배 커진 자료임을 확인할 수 있습니다.

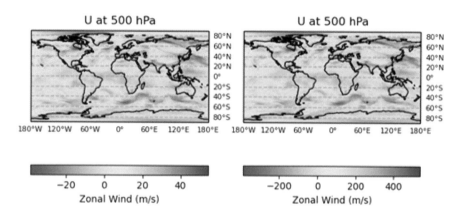

그림 9-10. 1950년 1월 1일 00시 10 hPa 동서바람 값. 왼쪽은 기존 자료 표출 값이며, 오른쪽은 기존 자료를 10배 높인 변형된 자료에서 표출된 값에 해당함.

이번에는 data 메소드를 통해 특정 도메인의 자료를 추출하는 과정을 살펴보겠습니다. 이번 예제에서는 한반도를 포함한 동아시아 지역을 추출 도메인으로 산정하도록 하겠습니다. 편의상 동아시아는 30~60°N, 100~150°E 영역으로 정의하겠습니다. 아래 코드는 제공된 "Ch09-5.read_grb_data.py"와 같습니다.

```
#5.read_grb_data.py
import pygrib as pg
import matplotlib.pyplot as plt
import cartopy.crs as ccrs
import matplotlib.gridspec as gridspec
```

```
idir='./Data/'
ifnam='U.19500101.grb'
fi=pg.open(idir+ifnam)
# 00시 500 hPa 자료 추출
grb=list(fi)[21]

# data 메소드를 통해 북위 30~60, 동경 100~150도 영역을 추출
data,lats,lons=grb.data(lat1=30,lat2=60,lon1=100,lon2=150)

ax=plt.axes(projection=ccrs.PlateCarree())
c=ax.pcolormesh(lons, lats, data,\
        transform=ccrs.PlateCarree(), cmap='coolwarm')

gl = ax.gridlines(crs=ccrs.PlateCarree(), draw_labels=True,\
        linewidth=1, color='gray', alpha=0.5, linestyle='--')
gl.top_labels = False
gl.left_labels = False
gl.xlines = False
gl.xlabel_style={'size':8}
gl.ylabel_style={'size':8}

cbar=plt.colorbar(c,ax=ax, orientation='horizontal')
cbar.set_label('Zonal Wind (m/s)')

plt.title('U at 500 hPa over East Asia')

plt.gca().coastlines()
plt.show()
```

그림 9-11을 보면 의도했던 대로 30~60°N, 동경 100~150°E에 해당하는 500 hPa 동서바람을 추출한 것을 확인할 수 있습니다.

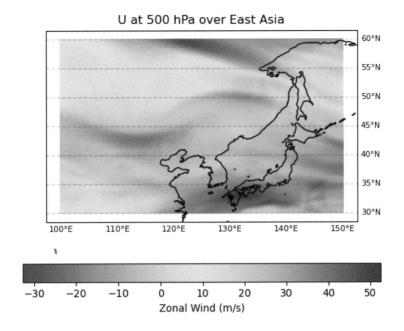

U at 500 hPa over East Asia

Zonal Wind (m/s)

그림 9-11. 1950년 1월 1일 00시 10 hPa 동서바람 값. 왼쪽은 기존 자료 표출 값이며, 오른쪽은 기존 자료를 10배 높인 변형된 자료에서 표출된 값에 해당함.

본 챕터에서는 GRIB 형식의 파일을 파이썬 내에서 어떻게 다룰 수 있는지 확인해 보았습니다. 파일을 불러오고 저장해 보는 간단한 과정이었지만, 향후 기본을 바탕으로 적절히 응용할 수 있다면 GRIB 형식의 파일을 다루는데 큰 무리가 없을 것이라 생각합니다.

참고문헌

Hersbach, H., and Coauthors (2020), The ERA5 global reanalysis, Q. J. R. Meteorol. Soc., 146, 1999-2049, doi:10.1002/qj.3803.

10. 웹 크롤링을 활용한 자료 수집 및 활용

송강현(skhyunf@gmail.com)

본 챕터에서는 자료를 수집할 수 있는 방법 중 하나인 웹 크롤링(web crawling)에 대해 이해하고, 기상/기후 자료를 수집함에 있어 어떻게 사용할 수 있는지 알아보고자 합니다.

자료를 자동화된 방법으로 수집하기 위해 ftp나 wget 등 이미 널리 알려진 방법들이 있으나, 간혹 웹 자료를 수집함에 있어 기존의 방법론으로는 충분하지 않은 경우가 있습니다. 이때 사용할 수 있는 방법으로 웹 크롤링을 소개하려고 합니다. 하나의 예제로 OMPS 오존전량(total column ozone; TCO) 자료를 받아보고, 해당 자료를 간단히 이용해 보고자 합니다.

10-1. 웹 크롤링에 대한 간단한 이해

10-1-1. 웹 크롤링(web crawling)이란?

웹 크롤링(web crawling)이란 웹 사이트의 자료를 자동적으로 수집하는 프로세스이며, 웹 사이트에서 표출되는 모든 자료를 자동화된 알고리즘으로 처리할 수 있게 도와줍니다. 대표적으로 여러 사이트의 가격 비교, 검색 엔진 내의 정보 추출 등이 있으며, 보안 문제가 없는 웹 사이트상의 대부분의 정보를 추출할 수 있습니다.

기본적으로 웹 크롤링을 위해서는 HTTP와 HTML에 대한 이해가 필요합니다. HTTP는 웹 서버와 사용자 사이의 통신규약에 해당하며, 이때 웹 페이지를 통해 상호간의 요청이 표출됩니다. 웹 페이지에 표출되는 마크업 언어를 HTML이라 부릅니다. HTML에 대한 기본적인 이해가 있다면, 웹 크롤링을 이해하는 데 도움이 됩니다.

저자의 경험으로 기상/기후 분야에서 웹 크롤링은 대중적인 방법론은 아닙니다. 다소 불편하더라도 웹 크롤링을 대체할 수 있는 방법들이 존재하기 때문입니다. 다만 특정 상황에서는 웹 크롤링을 강력한 도구로 이용할 수 있습니다. 예를 들어 규칙성이 없는 파일명을 웹 페이지에서 다운로드 받아야 할 경우가 이에 해당합니다. 그리고 웹 페이지상에 표출되는 정보 또한 웹 크롤링을 통해 손쉽게 추출할 수 있습니다. 웹 페이지에 표출된 관측자료의 위/경도 정보를 대량으로 파악해야 하는 경우가 대표적인 예라고 볼 수 있습니다.

본 챕터에서는 크롤러 프로그램으로 파이썬을 사용하고자 하며, 기상/기후 자료 수집에 필요할 정도의 기본 수준으로 예제를 준비했습니다.

10-1-2. 간단한 크롤링 연습

파이썬에서 웹 크롤링을 하기에 앞서, 웹 크롤링을 보다 직관적으로 이해하기 위해 본 챕터를 구성하였습니다. 프로그램을 통한 웹 크롤링이 아닌 웹 페이지상에서 직접 손으로 크롤링을 하는 연습을 해 보도록 하겠습니다.

먼저 https://ozonewatch.gsfc.nasa.gov/data/omps 웹 사이트로 접속합니다. 해당 사이트에 접속하면, 다음과 같은 화면을 확인할 수 있습니다.

Index of /data/omps

Name	Last modified	Size	Description
Parent Directory		-	
Y2012/	2017-05-08 07:14	-	
Y2013/	2017-05-08 07:49	-	
Y2014/	2017-05-08 07:50	-	
Y2015/	2017-05-08 07:50	-	
Y2016/	2017-05-08 07:51	-	
Y2017/	2019-05-08 14:13	-	
Y2018/	2019-03-08 12:36	-	
Y2019/	2020-01-02 06:48	-	
Y2020/	2021-01-11 06:23	-	
Y2021/	2022-01-03 07:48	-	
Y2022/	2023-01-12 14:35	-	
Y2023/	2023-05-24 07:29	-	

그림 10-1. https://ozonewatch.gsfc.nasa.gov/data/omps 접속 시 출력되는 화면.

각 폴더의 이름은 자료의 연도를 의미합니다. 그리고 Y2012를 클릭하면, 아래와 같이 2012년에 관측된 오존전량 자료 리스트를 확인할 수 있습니다. 파일명을 보시면, 관측 날짜에 대한 정보(파일명 "v2.1" 이후)가 규칙적이지 않음을 알 수 있습니다. 물론, 이 경우 웹 크롤링이 아닌 wget 명령어를 통해 무리 없이 전체 자료를 받을 수 있습니다.

Index of /data/omps/Y2012

Name	Last modified	Size	Description
Parent Directory		-	
OMPS-NPP_NMTO3-L3-DAILY-Ozone-ASCII_v2.1_2012m0126_2017m0227t060849.txt	2017-05-08 06:51	198K	
OMPS-NPP_NMTO3-L3-DAILY-Ozone-ASCII_v2.1_2012m0127_2017m0227t060900.txt	2017-05-08 06:51	198K	
OMPS-NPP_NMTO3-L3-DAILY-Ozone-ASCII_v2.1_2012m0128_2017m0227t060839.txt	2017-05-08 06:51	198K	
OMPS-NPP_NMTO3-L3-DAILY-Ozone-ASCII_v2.1_2012m0130_2017m0227t060912.txt	2017-05-08 06:51	198K	
OMPS-NPP_NMTO3-L3-DAILY-Ozone-ASCII_v2.1_2012m0131_2017m0227t060853.txt	2017-05-08 06:51	198K	
OMPS-NPP_NMTO3-L3-DAILY-Ozone-ASCII_v2.1_2012m0201_2017m0227t060920.txt	2017-05-08 06:52	198K	
OMPS-NPP_NMTO3-L3-DAILY-Ozone-ASCII_v2.1_2012m0203_2017m0227t060854.txt	2017-05-08 06:52	198K	
OMPS-NPP_NMTO3-L3-DAILY-Ozone-ASCII_v2.1_2012m0204_2017m0227t060735.txt	2017-05-08 06:52	198K	
OMPS-NPP_NMTO3-L3-DAILY-Ozone-ASCII_v2.1_2012m0205_2017m0227t060852.txt	2017-05-08 06:52	198K	
OMPS-NPP_NMTO3-L3-DAILY-Ozone-ASCII_v2.1_2012m0206_2017m0227t060935.txt	2017-05-08 06:52	198K	
OMPS-NPP_NMTO3-L3-DAILY-Ozone-ASCII_v2.1_2012m0207_2017m0227t061158.txt	2017-05-08 06:52	198K	
OMPS-NPP_NMTO3-L3-DAILY-Ozone-ASCII_v2.1_2012m0208_2017m0227t061205.txt	2017-05-08 06:52	198K	
OMPS-NPP_NMTO3-L3-DAILY-Ozone-ASCII_v2.1_2012m0210_2017m0227t061133.txt	2017-05-08 06:52	198K	
OMPS-NPP_NMTO3-L3-DAILY-Ozone-ASCII_v2.1_2012m0211_2017m0227t061004.txt	2017-05-08 06:52	198K	
OMPS-NPP_NMTO3-L3-DAILY-Ozone-ASCII_v2.1_2012m0212_2017m0227t061205.txt	2017-05-08 06:52	198K	
OMPS-NPP_NMTO3-L3-DAILY-Ozone-ASCII_v2.1_2012m0214_2017m0227t061112.txt	2017-05-08 06:52	198K	
OMPS-NPP_NMTO3-L3-DAILY-Ozone-ASCII_v2.1_2012m0215_2017m0227t060947.txt	2017-05-08 06:52	198K	
OMPS-NPP_NMTO3-L3-DAILY-Ozone-ASCII_v2.1_2012m0216_2017m0227t060923.txt	2017-05-08 06:52	198K	

그림 10-2. https://ozonewatch.gsfc.nasa.gov/data/omps/Y2012 접속 시 출력되는 화면.

해당 창에서 F12(개발자도구)를 누르고 중간에 〈pre〉 왼쪽에 있는 삼각형을 누르면 다음과 같은 화면(그림 10-3)을 확인할 수 있습니다. 그림 10-3은 네이버 웨일에서 표출된 화면이며, 크롬 및 파이어폭스 등 다른 웹브라우저에서는 다른 형태로 출력될 수 있습니다. 추가로 MacOS의 사파리에서는 메뉴 막대에서 "Safari→설정→고급"으로 이동한 뒤, "메뉴 막대에서 개발자용 메뉴 보기"를 활성화해야 합니다. 활성화 후에 메뉴 막대에서 "개발자용→페이지 소스 보기"를 클릭하시면 유사한 화면을 확인할 수 있습니다.

그림 10-3. OMPS 자료를 받을 수 있는 웹 페이지에서 F12 입력 시(개발자도구) 출력되는 화면.

그림 10-3에서 오른쪽 탭을 보시면 5번째 줄에 "〈h1〉 Index of /data/omps/Y2012〈/h1〉"이 보입니다. 해당 정보는 왼쪽 탭 상단에 표출되고 있는 "Index of /data/omps/Y2012"에 대한 정보임을 알 수 있습니다. 그리고 "〈a href="라는 문구 옆으로 우리가 받고자 하는 파일명이 출력되고 있는 것을 확인할 수 있습니다. 이렇게 우리가 웹 페이지상에서 표출되는 모든 자료는 HTML로 표현되고 있으며, 이 정보는 웹 페이지상에서만 볼 수 있는 것이 아닌 크롤러 프로그램(본 챕터에서는 파이썬)을 통해 가져올 수 있습니다.

기상/기후 자료의 경우 크게 두 가지 상황에서 크롤링을 수행할 수 있습니다. 1) 단순히 웹 페이지 상에 표출되는 정보를 수집할 때와 실습처럼 2) 웹 페이지상에 표출되는 파일명 정보를 불러와 해당 파일을 받을 때입니다. 본 챕터에서는 후자를 다룰 예정이지만,

이번 실습만으로 전자의 경우도 쉽게 해결할 수 있을 것입니다.

10-1-3. 파이썬에서 웹 크롤링 연습하기

앞서 그림 10-3에서 웹 페이지상에서 개발자 도구를 통해 확인했던 html 정보를 파이썬에서 표출해 보도록 하겠습니다. 예제는 2018년을 기준으로 진행하도록 하겠습니다. 이를 위해 requests와 BeautifulSoup이 필요합니다. 라이브러리가 없는 경우 아래를 참고하여 설치하시면 됩니다. 아래 코드는 제공된 "Ch10-1.crawling_ex.py"와 같습니다.

```
# requests 및 Beautiful 라이브러리 설치
<프롬프트> conda install -c anaconda requests
<프롬프트> conda install -c anaconda beautifulsoup4
```

```
# 1.crawling_ex.py 파이썬 크롤링 연습
import requests as rq
from bs4 import BeautifulSoup

url='https://ozonewatch.gsfc.nasa.gov/data/omps/Y2018/'
test=rq.get(url)
# rq.get만 이용할 시, 전체 텍스트로 인식하여 자료 가공이 어려움
# html 자료 가공을 위해 BeautifulSoup 함수 사용

test_html=BeautifulSoup(test.content,'html.parser')

print(test_html)
```

간단한 웹 페이지 자료 크롤링은 requests의 get 메소드만으로 충분하며, 받아온 자료는 텍스트 형태로 저장됩니다. 텍스트 형태의 자료를 각자 가공할 수 있지만, Beautiful-Soup 함수를 사용한다면 손쉽게 자료를 가공할 수 있습니다.

```
<img alt="[TXT]" src="/icons/text.gif"/> <a href="OMPS-NPP_NMT03-L3-DAILY-Ozone-ASCII_v2.1_2018m1222_2018m1224t0
15758.txt">OMPS-NPP_NMT03-L3-DAILY-Ozone-ASCII_v2.1_2018m1222_2018m1224t015758.txt</a> 2018-12-24 01:58  198K
<img alt="[TXT]" src="/icons/text.gif"/> <a href="OMPS-NPP_NMT03-L3-DAILY-Ozone-ASCII_v2.1_2018m1223_2018m1225t0
22712.txt">OMPS-NPP_NMT03-L3-DAILY-Ozone-ASCII_v2.1_2018m1223_2018m1225t022712.txt</a> 2018-12-25 02:27  198K
<img alt="[TXT]" src="/icons/text.gif"/> <a href="OMPS-NPP_NMT03-L3-DAILY-Ozone-ASCII_v2.1_2018m1224_2018m1226t0
20454.txt">OMPS-NPP_NMT03-L3-DAILY-Ozone-ASCII_v2.1_2018m1224_2018m1226t020454.txt</a> 2018-12-26 02:05  198K
<img alt="[TXT]" src="/icons/text.gif"/> <a href="OMPS-NPP_NMT03-L3-DAILY-Ozone-ASCII_v2.1_2018m1225_2018m1227t0
12800.txt">OMPS-NPP_NMT03-L3-DAILY-Ozone-ASCII_v2.1_2018m1225_2018m1227t012800.txt</a> 2018-12-27 01:28  198K
<img alt="[TXT]" src="/icons/text.gif"/> <a href="OMPS-NPP_NMT03-L3-DAILY-Ozone-ASCII_v2.1_2018m1226_2019m0107t1
30408.txt">OMPS-NPP_NMT03-L3-DAILY-Ozone-ASCII_v2.1_2018m1226_2019m0107t130408.txt</a> 2019-01-07 13:04  198K
<img alt="[TXT]" src="/icons/text.gif"/> <a href="OMPS-NPP_NMT03-L3-DAILY-Ozone-ASCII_v2.1_2018m1227_2019m0107t1
30409.txt">OMPS-NPP_NMT03-L3-DAILY-Ozone-ASCII_v2.1_2018m1227_2019m0107t130409.txt</a> 2019-01-07 13:04  198K
<img alt="[TXT]" src="/icons/text.gif"/> <a href="OMPS-NPP_NMT03-L3-DAILY-Ozone-ASCII_v2.1_2018m1228_2019m0107t1
30410.txt">OMPS-NPP_NMT03-L3-DAILY-Ozone-ASCII_v2.1_2018m1228_2019m0107t130410.txt</a> 2019-01-07 13:04  198K
<img alt="[TXT]" src="/icons/text.gif"/> <a href="OMPS-NPP_NMT03-L3-DAILY-Ozone-ASCII_v2.1_2018m1229_2019m0107t1
30408.txt">OMPS-NPP_NMT03-L3-DAILY-Ozone-ASCII_v2.1_2018m1229_2019m0107t130408.txt</a> 2019-01-07 13:04  198K
<img alt="[TXT]" src="/icons/text.gif"/> <a href="OMPS-NPP_NMT03-L3-DAILY-Ozone-ASCII_v2.1_2018m1230_2019m0107t1
30408.txt">OMPS-NPP_NMT03-L3-DAILY-Ozone-ASCII_v2.1_2018m1230_2019m0107t130408.txt</a> 2019-01-07 13:04  198K
<img alt="[TXT]" src="/icons/text.gif"/> <a href="OMPS-NPP_NMT03-L3-DAILY-Ozone-ASCII_v2.1_2018m1231_2019m0107t1
30409.txt">OMPS-NPP_NMT03-L3-DAILY-Ozone-ASCII_v2.1_2018m1231_2019m0107t130409.txt</a> 2019-01-07 13:04  198K
<hr/></pre>
</body></html>
```

그림 10-4. "Ch10-1.crawling_ex.py" 실행 시 출력되는 화면.

출력되는 결과를 보시면, 앞서 웹 페이지 개발자도구 탭에서 확인했던 것과 유사한 결과가 표출되는 것을 확인할 수 있습니다.

10-2. 웹 크롤링을 이용한 OMPS 자료 수집

본 챕터의 목표는 크롤링을 통해 자료를 단순히 수집하는 것이 아닌, 표출된 자료(오존전량 자료 파일명)를 이용하여 기상/기후 자료를 다운로드하는 것에 있습니다. 그렇기 때문에, 여기서 추가적으로 해야 할 것은 그림 10-4의 "<a href=" 뒤에 있는 OMPS 파일명만 따로 추출하는 것입니다.

이를 위해 몇 가지 작업이 필요합니다. 먼저 모든 파일명은 'a' 태그로 시작하는 것을 알수 있습니다. 우선 해당 태그로 시작하는 파일을 따로 추출할 필요가 있으며, 'a' 태그 중에서도 속성 값이 href인 경우를 추출해야 합니다. 이를 반영한 파이썬 코드는 다음과 같습니다. 아래 코드는 제공된 "Ch10-2.crawling_OMPS.py"와 같습니다.

```python
# 2.crawling_OMPS.py OMPS 오존전량 자료 파일명 크롤링
import requests as rq
```

```
from bs4 import BeautifulSoup

url='https://ozonewatch.gsfc.nasa.gov/data/omps/Y2018/'
test=rq.get(url)

test_html=BeautifulSoup(test.content,'html.parser')
atag=test_html.find_all('a')
omps_list=[]

for i in atag:
        href=i.attrs['href']
        if href.endswith(".txt"):
                omps_list.append(href)
                print(href)
```

코드를 실행하면 아래 그림 10-5와 같이 파일명이 출력됨을 확인할 수 있습니다. 단, 이번 예제에서 주의할 점이 있다면, 'a' 태그가 단순히 OMPS 파일명만 있는 것이 아니라는 점입니다. 이를 고려하여 href 변수로 받아오는 string 자료 중 확장자가 txt인 경우만 추출되도록 했습니다.

```
OMPS-NPP_NMTO3-L3-DAILY-Ozone-ASCII_v2.1_2018m1208_2018m1210t015214.txt
OMPS-NPP_NMTO3-L3-DAILY-Ozone-ASCII_v2.1_2018m1209_2018m1211t012406.txt
OMPS-NPP_NMTO3-L3-DAILY-Ozone-ASCII_v2.1_2018m1210_2018m1212t005503.txt
OMPS-NPP_NMTO3-L3-DAILY-Ozone-ASCII_v2.1_2018m1211_2018m1213t004223.txt
OMPS-NPP_NMTO3-L3-DAILY-Ozone-ASCII_v2.1_2018m1212_2018m1214t031308.txt
OMPS-NPP_NMTO3-L3-DAILY-Ozone-ASCII_v2.1_2018m1213_2018m1215t121718.txt
OMPS-NPP_NMTO3-L3-DAILY-Ozone-ASCII_v2.1_2018m1214_2018m1216t014905.txt
OMPS-NPP_NMTO3-L3-DAILY-Ozone-ASCII_v2.1_2018m1215_2018m1217t011243.txt
OMPS-NPP_NMTO3-L3-DAILY-Ozone-ASCII_v2.1_2018m1216_2018m1218t083607.txt
OMPS-NPP_NMTO3-L3-DAILY-Ozone-ASCII_v2.1_2018m1217_2018m1219t024441.txt
OMPS-NPP_NMTO3-L3-DAILY-Ozone-ASCII_v2.1_2018m1218_2018m1220t014607.txt
OMPS-NPP_NMTO3-L3-DAILY-Ozone-ASCII_v2.1_2018m1219_2018m1221t013133.txt
OMPS-NPP_NMTO3-L3-DAILY-Ozone-ASCII_v2.1_2018m1220_2018m1222t012331.txt
OMPS-NPP_NMTO3-L3-DAILY-Ozone-ASCII_v2.1_2018m1221_2018m1223t005802.txt
OMPS-NPP_NMTO3-L3-DAILY-Ozone-ASCII_v2.1_2018m1222_2018m1224t015758.txt
OMPS-NPP_NMTO3-L3-DAILY-Ozone-ASCII_v2.1_2018m1223_2018m1225t022712.txt
OMPS-NPP_NMTO3-L3-DAILY-Ozone-ASCII_v2.1_2018m1224_2018m1226t020454.txt
OMPS-NPP_NMTO3-L3-DAILY-Ozone-ASCII_v2.1_2018m1225_2018m1227t012800.txt
OMPS-NPP_NMTO3-L3-DAILY-Ozone-ASCII_v2.1_2018m1226_2019m0107t130408.txt
OMPS-NPP_NMTO3-L3-DAILY-Ozone-ASCII_v2.1_2018m1227_2019m0107t130409.txt
OMPS-NPP_NMTO3-L3-DAILY-Ozone-ASCII_v2.1_2018m1228_2019m0107t130410.txt
OMPS-NPP_NMTO3-L3-DAILY-Ozone-ASCII_v2.1_2018m1229_2019m0107t130408.txt
OMPS-NPP_NMTO3-L3-DAILY-Ozone-ASCII_v2.1_2018m1230_2019m0107t130408.txt
OMPS-NPP_NMTO3-L3-DAILY-Ozone-ASCII_v2.1_2018m1231_2019m0107t130409.txt
```

그림 10-5. "Ch10-2.crawling_OMPS.py" 실행 시 출력되는 화면.

이제 파일명을 파이썬 내부로 불러오는 작업을 마무리했습니다. 이 다음으로는 해당 파일명 자료를 이용하여 자료를 다운로드하는 과정을 해 보겠습니다.

URL로 쉽게 자료를 받을 수 있는 경우 wget 라이브러리를 이용하면 좋습니다. 리눅스 환경에서 많이 사용하지만, 해당 라이브러리는 python에서도 사용이 가능합니다. Wget이 설치된 리눅스 환경에서는 아래와 같이 사용 가능합니다.

```
<프롬프트> wget $URL
```

$URL은 받고자 하는 웹 주소에 해당합니다. Wget 라이브러리는 아래 명령어를 통해 설치를 진행합니다.

```
<프롬프트> conda install -c conda-forge python-wget
```

이제 파이썬 내에서 wget 라이브러리를 이용한 OMPS 오존전량 자료를 받아 보도록 하겠습니다. 코드는 다음과 같습니다. 아래 코드는 제공된 "Ch10-3.OMPS_download. py"와 같습니다.

```python
# 3.OMPS_download.py OMPS 오존전량 자료 파일명 크롤링
import requests as rq
import wget
from bs4 import BeautifulSoup
import os


year='Y2018'
url='https://ozonewatch.gsfc.nasa.gov/data/omps/'+year+'/'
odir='./Data/OMPS/'+year+'/'
# Check if the directory already exists
if not os.path.isdir(odir):
```

```
# Create a directory
        os.mkdir(odir)

test=rq.get(url)
test_html=BeautifulSoup(test.content,'html.parser')
atag=test_html.find_all('a')


for i in atag:
        href=i.attrs['href']
        if href.endswith(".txt"):
                print(href)
                wget.download(url+href,odir+href)
```

위 코드를 실행하면, odir 위치의 폴더에 웹 사이트에서 제공하는 동일한 파일을 다운로
드 받을 수 있습니다. 아나콘다 프롬프트를 통해 위의 코드를 실행하면, 아래와 같은 화
면이 출력되는 것을 확인할 수 있습니다.

```
OMPS-NPP_NMT03-L3-DAILY-Ozone-ASCII_v2.1_2018m0101_2018m0109t001433.txt
100% [.........................................................] 202743 / 2027430MPS-NPP_NMT0
3-L3-DAILY-Ozone-ASCII_v2.1_2018m0102_2018m0104t012843.txt
100% [.........................................................] 202743 / 2027430MPS-NPP_NMT0
3-L3-DAILY-Ozone-ASCII_v2.1_2018m0103_2018m0105t010624.txt
100% [.........................................................] 202743 / 2027430MPS-NPP_NMT0
3-L3-DAILY-Ozone-ASCII_v2.1_2018m0104_2018m0106t111359.txt
100% [.........................................................] 202743 / 2027430MPS-NPP_NMT0
3-L3-DAILY-Ozone-ASCII_v2.1_2018m0105_2018m0118t142255.txt
100% [.........................................................] 202743 / 2027430MPS-NPP_NMT0
3-L3-DAILY-Ozone-ASCII_v2.1_2018m0106_2018m0118t142223.txt
100% [.........................................................] 202743 / 2027430MPS-NPP_NMT0
3-L3-DAILY-Ozone-ASCII_v2.1_2018m0107_2018m0118t142235.txt
100% [.........................................................] 202743 / 2027430MPS-NPP_NMT0
```

그림 10-6. "Ch10-3.OMPS_download.py" 실행 시 출력되는 화면.

10-3. OMPS 오존전량 자료 전처리 및 활용

앞서 보여 드린 파이썬 예제나 wget 등 각자의 방법을 통해 2018년 OMPS level 3 오
존전량 자료를 다운로드 받으셨다면, 해당 자료를 이용하여 간단한 자료 분석을 시행해
보도록 하겠습니다.

해당 자료는 txt 자료이기 때문에, NetCDF 혹은 GRIB 자료 등과 같이 이미 정형화되어 바로 이용하기 쉬운 형태의 자료는 아닙니다. 그렇기 때문에 대부분의 경우 txt 형식의 파일을 다루기 전에 전처리 과정을 거쳐야 합니다. 먼저 다운로드 받은 자료를 확인해 보도록 하겠습니다. "OMPS-NPP_NMTO3-L3-DAILY-Ozone-ASCII_v2.1_2018m0101_2018m0109t001433.txt" 파일을 기본 예제로 사용하겠습니다. 윈도우 환경에서는 메모장 혹은 워드 프로그램을, 리눅스에서는 vi 편집기 등을 통해 확인이 가능합니다.

```
Day:    1 Jan  1, 2018    OMPS TO3     STD OZONE     GEN:18:009 Asc LECT: 01:25 PM
Longitudes:  360 bins centered on 179.5  W  to 179.5  E   (1.00 degree steps)
Latitudes :  180 bins centered on  89.5  S  to  89.5  N   (1.00 degree steps)
280279279280280279279279279279279279279280279279279279279279279279279279279
279279279279279279279279279279279279279279279279278278278278278278278278278
278278278278278278278278278277277277277278278277277277277277277277277277277
277277276277276276276276276276276276276276276276276276276276276276276276276
276276275275275275275275275275275275275275275275275275275275275275275275275
275275275274274274274274274274274274274274274274274274274273273273273273274
273273273273273273273273273273273273273273273273273273273272272272272272273
273273272272272272272272272272272272272272272272272272272272272272272272272
272272272272273273273273273273272272272272272272273273273273273273273273273
273273273273273273273273273273273273273273273273273273273274274274274274274
274274274274274274274274274274274274274274274274274274275275275275275275275
275275275275275275275275275275275275275276276276276276276276276276276276276
276276276276276276276276276276276276276276276276276276277277277277277277277
277277277277277277277277277277277277277277277277277277277277277277277277277
277277277277277277277277276277   lat =  -89.5
284284284284284284284283283284284284284284284284284284284284284284284283283283
283283283283283283283283282282282283283282282282282282282282282282282282281
281281281281281281281281280280280281281281280280280280280281280280280280280
280280280281281281281281281281281281281281281281281281281281281281281281281
281281280280280280281281280280279280280280279279279278279279278278278278278
278277277277277277277277277276275275275275275275275274274275274274274274274
274274273273273273273273273272272272272271271271271271271271271271271271271
271271270270270270270270270270270270270270270270270270270270270270270270270
270270270270270270270270271271271271271271271271271271271271271271271272272272
272272272272272272272272272272272272272272272272272273273273273273273273273
273273273273273273273273273274274274274274274274274274274274274274274274274
274275275275275275275275275275275275275275275275275276276276276276276276276
276276276276276276276276276276276277277277277277277277277277277277278278278
278278278278278278278278278278278278279279279279279279279279279279279279279
279279279279279280280280280280   lat =  -88.5
```

그림 10-7. 예제 파일을 리눅스 vi 편집기를 통해 출력한 화면.

해당 파일에서 몇 가지 정보를 추출할 수 있습니다. 2018년 1월 1일 자료에 해당하며, OMPS 오존전량 자료에 해당합니다. 그리고 경도는 179.5°W에서 179.5°E, 위도는 89.5°S에서 89.5°N로 각각 1도 간격의 자료입니다. 그리고 각 경도별로 위도에 해당하는 자료가 출력되고 있음을 확인할 수 있습니다. 텍스트 형식으로 되어 있는 자료를 이용하기 편한 격자화된 자료로 변환할 예정입니다. 아래 코드는 제공된 "Ch10-4. OMPS_pre.py"와 같습니다.

```python
# 4.OMPS_pre.py
import numpy as np
import os


year='Y2018'
dys=365
# input 및 output 파일 경로는 각자 맞게 지정
idir='./Data/OMPS/'+year+'/'
#output 파일은 격자화된 1년 자료로 만들 예정
ofnam='TCO.'+year[1:5]+'0101_'+year[1:5]+'1231.bin'

f_list=os.listdir(idir)
# 확장자가 txt인 파일만 인식
f_list_txt=[file for file in f_list if file.endswith(".txt")]
buff4=np.empty((180,360),dtype='f4')
odb=np.empty((dys,180,360),dtype='f4')
nfile=len(f_list_txt)
print(nfile)

nff=0
for fn in f_list_txt:
        f=open(idir+fn,'r')
        print(fn)
# 헤더 정보 건너띄기
        data=f.readlines()[3:]
        k=0
        for i in range(14,len(data),15):
                buff="".join(data[i-14:i+1])
                buff1=buff.replace("\n ","").split('l')[0]
                m=0
```

```
                for j in range(1,len(buff1)-3,3):
                        buff4[k,m]=float(buff1[j:j+3])
                        m=m+1
                k=k+1
# -180~180 경도 자료를 0~360 경도자료로 변경
        odb[nff,:,0:180]=buff4[:,180:360]
        odb[nff,:,180:360]=buff4[:,0:180]
        nff=nff+1
        f.close()
# 0을 -999로 missing 처리
ix=odb==0
odb[ix]=-999
with open(idir+ofnam,"wb") as of:
        of.write(odb[:,:,:])
```

위 코드를 실행하면 지정한 출력 폴더에 "TCO.20180101_20181231.bin" 파일이 형성된 것을 확인할 수 있습니다. 현재 파이썬 코드에서는 binary 파일(때에 따라 ".gdat"으로 명명함)로 저장하였습니다만, 필요에 따라 NetCDF 형식으로도 저장이 가능합니다. 이 과정은 본 챕터의 범위를 벗어나므로 다루지는 않겠습니다.

처리된 자료가 문제가 없는지 간단히 확인해 보도록 하겠습니다. 간단한 확인을 위해 9장에서 사용한 그림 포맷을 그대로 이용하였습니다. 아래 코드는 제공된 "Ch10-5.check_data.py"와 같습니다.

```
# 5.check_data.py
import matplotlib.pyplot as plt
import cartopy.crs as ccrs
import numpy as np

idir='./Data/OMPS/Y2018/'
ifnam='TCO.20180101_20181231.bin'

nx=360
```

```
ny=180
nt=365
# 바이너리 파일 불러오기
with open(idir+ifnam,"rb") as f:
        buff=np.fromfile(f,dtype=np.float32)

buff=buff.reshape((nt,ny,nx))

# 2018년 1월 1일 자료만 추출
data=buff[0,:,:]
# -999인 missing 값을 nan 처리
data[data==-999]=np.nan
lons=np.arange(0.5,360.5,1)
lats=np.arange(-89.5,90.5,1)

ax=plt.axes(projection=ccrs.PlateCarree())
c=ax.pcolormesh(lons, lats, data,\
        transform=ccrs.PlateCarree(), cmap='coolwarm')

gl = ax.gridlines(crs=ccrs.PlateCarree(), draw_labels=True,\
        linewidth=1, color='gray', alpha=0.5, linestyle='--')
gl.top_labels = False
gl.left_labels = False
gl.xlines = False
gl.xlabel_style={'size':8}
gl.ylabel_style={'size':8}

cbar=plt.colorbar(c,ax=ax, orientation='horizontal')
cbar.set_label('TCO (DU)')

plt.title('2018.01.01 TCO')

plt.gca().coastlines()
plt.show()
```

코드를 실행하면 다음 그림 10-8이 그려지며, -999인 missing 값을 제외한 오존전량 자료가 정상적으로 출력됨을 확인할 수 있습니다.

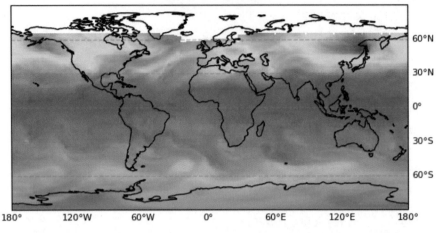

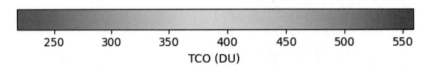

그림 10-8. 2018년 1월 1일 오존전량(TCO) 전구 분포.

본 챕터에서는 웹 크롤링에 대해 간단히 배워 봤으며, 기상/기후 자료를 수집할 때 웹 크롤링이 어떻게 사용될 수 있는지 확인해 보았습니다. 그리고 OMPS level 3 오존전량 자료를 웹 크롤링을 통해 받아 보았고, 해당 자료를 직접 사용할 수 있도록 전처리 과정을 수행했습니다. 본 챕터에서는 오존전량 자료에 대한 깊이 있는 분석은 다루지 않았지만, 기초 자료를 가공하는 것만으로 각자에게 필요한 분석이 가능할 것이라 생각합니다.

INDEX